Karl Rolf Seufert

Pfad der Tränen

Karl Rolf Seufert

Pfad der Tränen

Zwei auf der Flucht durch Kambodscha

Arena

CIP-Kurztitelaufnahme der Deutschen Bibliothek

Seufert, Karl Rolf:
Pfad der Tränen : Zwei auf der Flucht durch Kambodscha
Karl Rolf Seufert
– 1. Aufl. – Würzburg : Arena, 1980.
ISBN 3-401-03911-3

1. Auflage 1980

Schutzumschlag von Heiner Rothfuchs
Gesamtherstellung: Tagblatt-Druckerei KG Haßfurt
ISBN 3 401 03911 3

Prolog

Es war fast dunkel, und auf der Straße zwischen den Kokospalmen wurde es schwierig, Einzelheiten zu erkennen. Lin saß in dem kleinen Laster neben dem Fahrer, den spitzen Strohhut der Reisbäuerinnen auf dem Kopf, und sah aus wie jenes Mädchen, das überall im Lande von den Plakaten herab, lächelnd und siegessicher, Durchhalte-Optimismus verbreitete. Wahrscheinlich hatte sie auch den Soldaten heute vormittag diesen Eindruck vermittelt, denn alle hatten sie unterstützt und ihr geholfen.
Die Maschinenpistole hing griffbereit neben ihren Knien, doch die Waffe war kaum mehr als eine Geste. Im Ernstfall hätte Lin wahrscheinlich Mühe gehabt, ein neues Magazin einzuschieben. Die Straße war schlecht und ungesichert, der Dreck erheblich, und sie ahnte, daß es leicht noch schlimmer werden konnte. Auf der schmutzigen Fahrspur rutschte und schleuderte der Wagen auf den abgefahrenen Reifen von einer Seite zur anderen.
Sie fuhren im zweiten Gang, und selbst das war nicht ungefährlich. Der Regen hatte die Straße in wenigen Stunden zäh und klebrig werden lassen, und es stand zu erwarten, daß die Wagenräder bald bis zur Nabe darin versinken würden. Bedrückt schaute Lin durch das offene Seitenfenster auf den Dschungel. Sie kamen an einigen verwesenden Leichen vorüber, die man als abschreckende Warnung nicht bestattet hatte. Lin hielt den Atem an. Wie vertraut ihr der süßliche

Verwesungsgeruch auch geworden war, sie konnte ihn nicht ertragen.
»Rascher«, sagte sie. »Geht es jetzt nicht schneller?«
Der Fahrer nickte und schaltete in den dritten Gang. Minuten später mußte er die Fahrt erneut verlangsamen, weil sie eine Holzbrücke überquerten. Er befuhr diese Strecke seit Monaten und kannte alle Stege zwischen Pnom Penh und Siem Reap – jene, die sich unter der Last der Wagen senkten ebenso wie die anderen, die nur aus zwei Bohlen bestanden, gerade breit genug, um den Rädern Platz zu bieten, und vor allem jene, die gefährlichsten, die dicht auf dem Wasser aufsaßen, von Flößen aus Bambusbündeln gehalten. Sie hingen an Seilen, die bis zum Zerreißen gespannt waren. Verfehlte er dabei die Auffahrt auch nur um Zentimeter, so riß das Hauptseil mit einem Knall wie ein Gewehrschuß, und dann folgten, Schlag auf Schlag, auch die anderen. Die Brücke senkte sich und wurde häufig dabei abgetrieben. Den Menschen passierte in der Regel wenig, mehr schon den Wagen, die umkippten; die Fracht war jedoch fast immer verloren.
Mit knapper Not kamen sie, bereits vom aufzischenden Wasser umspült, diesmal wieder ins Gleichgewicht. Aber kritische Sekunden lang schwankten sie von rechts nach links, und Lin schlug gegen die Schulter des Fahrers.
Jetzt passierten sie das Dorf, das nur noch als Name auf den Karten existierte – eine Gespenstersiedlung ohne Menschen. Die Hütten waren niedergebrannt. Löcher klafften selbst in den wenigen Behausungen, die dem Krieg bisher entgangen waren. Die Strohdächer faulten und sahen schwarz aus. Einige alte Leute, zu alt um noch für irgendwen von Nutzen zu sein, spähten zwischen den Zwergbananenbäumen zu ihnen herüber. Zwei nackte Kinder, ebenso abgemagert wie der Hund, mit dem sie spielten, hielten einen Augenblick inne. Fahrzeuge waren in diesem Teil des Landes selten geworden. Der Hund versuchte es sogar mit einem Bellen. Sicherlich würde er bald in einem Kochtopf enden.

»Gas!« sagte sie.
Der Fahrer nickte. Er steuerte, die Hände am oberen Rand des Lenkrads, den Laster mit der Geschicklichkeit langjähriger Erfahrung. Zuweilen zwinkerte er, wenn der dünne Rauchfaden seiner Zigarette ihn störte. Meist saß er jedoch so reglos neben ihr, als schlafe er mit offenen Augen.
»Einen solchen Auftrag solltest du nicht wieder annehmen, Genossin«, sagte er plötzlich. »Sehr gefährlich und undankbar.«
»Ich weiß«, sagte Lin. »Ich habe mich auch nicht darum gedrängt.«
Die Nacht brach herein und erschien unheilvoll. In dem nur langsam durch die Dunkelheit holpernden Laster hatte Lin das erregende Gefühl, in der Luft zu schweben. Das monotone Geräusch des Motors, das schweigsame Verhalten des Fahrers und das schwerfällige Rauschen des feuchten Dschungels schien sie von allem abzuschneiden, nur nicht von ihrem überwachen Verstand.
Es war ihr erster selbständiger Auftrag, und sie brauchte den Erfolg. Sie mußte Fahrzeug und Fracht sicher zur Einheit zurückbringen. Verluste an Menschen wogen dabei gering, hatte sie gelernt. Menschen ließen sich ersetzen, nicht aber ein Laster. Straflager und Bewährungseinheit waren das mindeste, was sie erwartete, wenn hier etwas schiefging. Wahrscheinlicher aber noch war es, daß man sie kurzerhand erschoß. Sie kannte genügend Beispiele für Strafen dieser Art, und dieses Wissen lief jetzt in ungeordneter Folge durch ihren Kopf. Warum hatte sie nicht in ihrer Schule bleiben dürfen? Sie wäre gerne Lehrerin geworden. Niemals würde sie sich an die Gewalttaten und Grausamkeiten des Krieges gewöhnen können; sie waren ihr ebenso unerträglich wie all die Ungerechtigkeiten und Härten gegenüber der Zivilbevölkerung.
Wie sie so dasaß im unsicheren Licht des Fahrerhauses und besorgt auf alle unerwarteten Geräusche lauschte, wirkte ihre Haut gelb. Mit ihren braunen Augen blinzelte sie nach drau-

ßen. Unbewußt zuckten ihre Beine jedesmal, sobald ein Tierschrei aus dem Dschungel drang.
Lin war eine kleine, graziöse und hübsche Kambodschanerin, gerade achtzehn, mit schwarzem, glattem Haar, das sich nur an den Schläfen kräuselte. Ihr Körper hatte das schwebende Gleichgewicht und die Anmut der Frauen aus dem Süden. Wie schnell ihre Bewegungen auch sein mochten, immer wirkten sie gleitend und ohne Aufwand an Kraft. Ebenso wie ihre Augen schien sie auch ihren Kopf niemals ganz ruhig halten zu können.
»Wie weit ist es noch? Was schätzt du?«, fragte sie.
»Sechs Stunden«, sagte der Fahrer. »Wenn es keine Aufenthalte gibt.«
»An was denkst du?«
»In solchen Zeiten kann viel passieren«, murmelte er abweisend.
»Überfall?«
Er zuckte die Schultern.
Wenn ihr die militärische Kurzausbildung eine Erfahrung vermittelt hatte, dann war es die Erkenntnis, daß nichts von dem, was sie als gut und richtig zu schätzen gelernt hatte, jetzt noch eine Rolle spielte:
Vorgestern hatte man sie mit dieser Aufgabe betraut, und wider Erwarten war bisher alles nach Plan verlaufen. Es hatte keine Panne gegeben, niemand war vom Laster gefallen. Sie hatten das sorgfältig getarnte Lager auf Anhieb gefunden. Es war inzwischen weder verlegt, noch geplündert worden. Sie hatten den Reis anstandslos erhalten, sogar das volle Gewicht, und waren rechtzeitig wieder aufgebrochen. Doch dann war ihnen dieser Sturm in die Quere gekommen. Orkanartige Regenfälle hatten sie fünf Stunden festgehalten. Als sie dann losfuhren, war ihr Begleitfahrzeug eine halbe Stunde später mit Motorschaden ausgefallen. Sie seufzte.
»Was gibt es?« fragte der Fahrer.
»War es richtig, nicht auf die Reparatur zu warten?«

Der Fahrer zuckte die Schulter. »Wer will das jetzt wissen? Wenn wir durchkommen, war es richtig . . .«
». . . und wenn wir nicht durchkommen, war es falsch«, sagte sie bitter. »So einfach ist das also.«
»Hast du etwas anderes erwartet, Genossin? Das ist im Sozialismus nicht anders als im Kapitalismus.«
»Wenn wir also steckenbleiben im Schlamm, wenn wir umkippen oder in einen Überfall geraten, dann war meine Entscheidung falsch.«
»Sabotage am Eigentum des Volkes«, sagte er ruhig. »Gar keine Frage. Und dann wird sich keine Hand für dich rühren, Genossin. Sie werden dich verurteilen mit dem besten Gewissen der Welt. Sie werden dich erschießen oder in eine Bewährungseinheit stecken und überzeugt sein, daß sie nur ihre Pflicht tun.«
»Sehr tröstlich. Das muß ich sagen«, flüsterte sie sarkastisch. »Da frage ich mich nur, warum du mir das nicht früher schon gesagt hast.«
»Du hast das Kommando, Genossin.«
»Ich wußte gar nicht, daß dir soviel daran lag«, sagte Lin. »Ich habe mich nicht darum gedrängt, wie du vielleicht weißt. Mir hätte ›Beifahrerin‹ völlig gereicht.«
»Darum geht es nicht«, murmelte er. »Wer das Kommando hat, befiehlt. Da gibt es keine Ausflüchte.«
»Klar.« Lin nickte gedankenvoll. »Das ist richtig. Aber es überrascht mich doch, daß du vorher kein Wort gesagt hast.«
»Ich bin jetzt elf Jahre dabei, zuerst gegen die Franzosen, dann gegen die Amerikaner und jetzt hier . . . Da lernt man einiges. Unter anderem nur dann zu reden, wenn man gefragt wird . . . Und du hattest mich nicht gefragt.«
Es blieb einige Minuten still zwischen ihnen. Lin erkannte an dem höflichen Tonfall des Mannes, an der besonderen Art seiner Stimme, daß er an nichts anderes als an sein Fahrzeug dachte und vor allem an die Nacht, die vor ihnen lag. Solange

er den Laster fuhr, genoß er bestimmte Privilegien. Darauf kam es ihm an. Sie selbst war ihm dabei völlig gleichgültig. Sie konnte verwundet werden, sterben oder in Gefangenschaft geraten, das interessierte ihn nur insoweit, als es seine Stellung als Fahrer des Lastwagens betraf. Die Erkenntnis bedrückte Lin ebenso, wie sie ihre Bewunderung herausforderte. Jene Art von Egoismus überstieg ihr Verstehen, sie war unmenschlich.

In diesem Augenblick geriet ihr Fahrzeug ins Rutschen, und sie hielten am Straßenrand. Lin hätte schreien mögen vor Entsetzen, aber sie murmelte nur: »Weiter, Genosse. Wir haben keine Zeit dafür. Noch haben wir den Krieg nicht gewonnen.«

Der Motor sprang wieder an, und sie fuhren weiter.

»Vielleicht wäre es sogar gescheiter, Licht zu machen«, sagte sie nach einer Weile, »sonst geht es zu langsam.«

Der Fahrer grunzte etwas Unverständliches; aber er gehorchte. Lin wußte natürlich, wie gefährlich es war, mit Licht zu fahren; aber sie war bereit, jedes Risiko auf sich zu nehmen. Für die Roten Khmer, die vielleicht in der Nähe waren, mußten die Scheinwerfer wirken, als laufe jemand mit zwei Lampen durch einen Wald voller Räuber. Aber sie wollte zurück sein, ehe der Regen erneut einsetzte. Aufmerksam starrte sie in den Dschungel: eine unbekannte Welt für sie, fremd und gefährlich. Der Geruch der Fäulnis und des Wachstums bedrängte sie. Das Licht der Autoscheinwerfer färbte das Laub blaßsilbern und noch geheimnisvoller. Die Nacht war schwarz und voll von einer merkwürdigen Spannung.

»Jetzt bist du wahrscheinlich enttäuscht, Genossin«, murmelte der Fahrer, ohne die Straße aus den Augen zu lassen. »Aber vielleicht hast du auch etwas gelernt dabei. Dann war es nicht umsonst.«

»Ich glaube schon . . . Nur, etwas würde mich noch interessieren«, sagte sie leise.

»Wie hättest du an meiner Stelle entschieden? Was hättest du gemacht?«
»Ich? . . . Das weiß ich nicht. Wahrscheinlich wäre ich geblieben und hätte gewartet. In jedem Fall war es falsch, die Soldaten zurückzulassen. Wir hatten sie zum Schutz der Reisladung mitbekommen, und nun fahren wir doch allein zurück.«
»Aber den Reis und die Soldaten konnten wir nicht gleichzeitig befördern«, wandte sie ein. »Das sagtest du selbst, Genosse. Nach dem Regen völlig unmöglich, sagtest du. Einfach nicht zu schaffen.«
»Eben. Und darum hätten wir warten sollen«, sagte der Fahrer ruhig.
Der Laster rollte und rutschte auf dem aufgeweichten Boden wie ein Schiff in der Dünung. Lin stieß mit der Hand an das Blech, als sie den Stoß auffangen wollte. Sie ärgerte sich über das Grinsen des Mannes und zwang sich zu einem Lächeln. Keinesfalls würde sie klein beigeben. Sie drehte am Knopf des Autoradios. Eine Weile lauschte sie der Marschmusik von Radio Pnom Penh – wilden Kampfliedern, heiser und schrill, von Zischlauten durchpeitscht. Einige Texte kannte sie und summte sie trotzig mit.
Der Schuß gehörte zur Musik, oder etwa nicht? Dann folgten kurz hintereinander fünf weitere Schüsse, und sie fuhr empor. Die Bremsen quietschten, der Wagen schleuderte, schien sich zu fangen, aber dann schlug er gegen die Bäume und rutschte mit der Breitseite an ihnen entlang.
»Los! Rasch raus!« hörte sie die Stimme des Fahrers neben sich.
Die Tür klemmte.
Sie half mit der Schulter nach, sprang hinaus, stürzte und kroch hinter einen der Bäume. Sie zitterte am ganzen Körper, und der Schweiß rann ihr in die Augen. Sekundenlang starrte sie vor sich auf die Rinde des Baumes. Sie war völlig betäubt und willenlos, und instinktiv wartete sie, was nun geschehen

würde, oder daß sie einen Befehl bekäme. Dann fiel ihr ein, daß sie mit dem Fahrer allein war und selbst das Kommando hatte.

»Hierher!« rief sie. »Wo bist du, Genosse? Hierher!«

»Verdammte Scheiße!« fluchte der Fahrer und fummelte an dem Schnellfeuergewehr herum. Dann kam er über die Straße gerannt. »Jetzt haben sie uns also, die Hunde, die elenden.«

»Laß das Gewehr in Ruhe«, sagte Lin scharf. »Noch wissen wir nicht, was wirklich los ist.« Die Tatsache, daß sie nicht mehr allein war, gab ihr etwas von ihrer Sicherheit zurück.

»Was wirklich los ist? ... Das kann ich dir sagen: ein Überfall!« stieß er hervor und spuckte aus. »Siehst du die Straßensperre dort vorn? Da kommen wir niemals durch, Genossin ... Nur weil sie zu früh geschossen haben, leben wir noch.«

Die Schüsse schlugen in den Laster. Einer der beiden Scheinwerfer erlosch. Jetzt sah sie auch die Sperre. Sie war gut angelegt und nur etwa fünfzig Meter entfernt, an einer Stelle, wo die Bäume auf beiden Seiten bis dicht an die Straße wuchsen.

»Die Hölle über diese dreibeinigen Schildkrötensöhne«, schimpfte der Fahrer und spähte hinter einem Baum hervor nach der Straßensperre. »Der schöne Wagen! Jetzt ist er futsch. Elf Jahre fahre ich schon, und jetzt ist es aus ...« Die Tatsache, daß er den Wagen verloren hatte, beschäftigte ihn anscheinend mehr als ihr persönliches Schicksal.

»Aber du weißt doch gar nicht, ob er wirklich kaputt ist«, sagte Lin. »Vielleicht bringst du ihn wieder in Gang. Vielleicht können wir im Rückwärtsgang –«

»Ausgeschlossen«, murmelte er. »Alle Schüsse gingen in den Motor. Die Hunde haben gut geschossen. Der Motor ist so tot wie Buddha.« Er wischte sich den Schweiß aus dem Gesicht. »Und trotzdem sind es Anfänger! ... Erbärmliche Anfänger, sonst hätten sie uns auf die Sperre auffahren lassen und dann geschossen. Keine Nerven, die Burschen! Sie hätten nicht nur

den Reis kriegen können, sondern auch noch einen fahrbereiten Wagen.«
»Was machen wir jetzt?«
»Hast du deine Sachen mitgenommen? Dein persönliches Eigentum?«
»Nein«, gestand sie. »Daran habe ich überhaupt nicht gedacht!«
»Gut. Das holst du jetzt. Ich gebe dir Feuerschutz. Während ich schieße, werden sie die Köpfe nicht heben. Du holst alles aus dem Führerhaus. Auch die Karte und die Lebensmittel. Denke daran, was du vergißt, ist verloren. Klar?«
Er grinste sie mit heruntergezogenen Mundwinkeln an. »Alles hatte so gut begonnen, Genossin. Und nun ein solches Ende«, sagte er mit veränderter Stimme. »Schlimm, schlimm . . . für dich und für uns alle. – Bist du bereit?«
»Ja. Ich glaube schon . . .« Sie schluckte.
Doch insgeheim war sie überzeugt, keinen Schritt machen zu können. Ihre Schultern zitterten, ohne daß sie es verhindern konnte. Sie blickte auf ihre Hände und versuchte, die Finger zu krümmen. Sie bewegten sich nur langsam, als ob sie unter fremder Kontrolle stünden.
»Am besten, du gehst schon bis dicht an die Tür«, ermunterte er sie. »Das erspart Zeit.« Er drückte sie mit dem Ellbogen vorwärts. »Achtung! Jetzt rein!« Zugleich sprang er auf die Straße.
Das Schnellfeuergewehr peitschte die Straße entlang und spie eine wilde Garbe in die Sperre. Lin riß sich mit großer Willensanstrengung zusammen, sprang auf das Trittbrett und zwängte sich in das Führerhaus. Sie fand ihren Leinenbeutel und warf ihn hinaus. Dann griff sie wahllos nach Papieren, fand einen Lebensmittelbeutel, eine Zuckermelone, Zigaretten und schleuderte sie hinter sich.
Der Fahrer betätigte erneut das Schnellfeuergewehr und gab einen langen Feuerstoß. Ein Schrei durchriß die Nacht, und er grinste ein wenig. »Den hab' ich erwischt«, murmelte er.

Lin schlüpfte aus dem Führerhaus. »Fertig«, rief sie. »Mehr war nicht zu holen.«
Der Fahrer winkte, daß er verstanden habe.
»Kommt und holt uns doch, ihr Schweinehunde!« brüllte er. Er schrie die Worte mit jeder Faser seines Körpers, ein Verzweifelter, der keinen Ausweg mehr sah, und feuerte zehn Sekunden lang ununterbrochen.
Für eine halbe Minute blieb danach alles ruhig. Nur das Mondlicht lag auf der Straße und versilberte die Sperre.
»Wir holen dich schon, du Schwein! – Wir kommen schon!« rief es zu ihnen herüber. Dann peitschte ein Maschinengewehr auf. In der Dunkelheit spie es eine strahlend weiße Flamme wie eine Karbidfackel aus. Es dröhnte entsetzlich, und die Leuchtspuren zuckten wie Blitze durch den Dschungel.
Der Fahrer versuchte gar nicht erst in Deckung zu gehen, sah Lin. Er stand mit gespreizten Beinen vor dem Laster und schoß zurück. Dann verstummte er plötzlich. Das Gewehr entglitt seinen Fingern. »Ich bin getroffen«, sagte er. Er stand noch immer auf den Beinen. Sein Gesicht war plötzlich ausdruckslos, es sah leer und überrascht aus. Dann brach er zusammen, er rutschte mit dem Rücken über die Stoßstange und stürzte auf die Straße.
»Komm doch in Deckung!« flehte Lin, und als sie keine Antwort erhielt, kroch sie auf die Straße und zerrte ihn am Handgelenk hinter einen Baum.
»Warum hast du das gemacht! Wie konntest du nur!« flüsterte sie. »Ist es sehr schlimm?«
»Es reicht«, sagte er. »Hab' 'ne Kugel im Bauch oder in der Brust . . . Tut aber nicht weh . . . Jedenfalls ist es auszuhalten.«
»Wo ist das Verbandszeug?« fragte sie. »Ich habe es nicht finden können.«
»Laß nur! . . . Da ist nichts mehr zu verbinden. Elf Jahre . . .«, murmelte er. »Hätte nicht gedacht, daß es mich noch

erwischen könnte. Aber ist nicht weiter schlimm, nachdem der Laster weg ist...« Er schwieg einen Augenblick, sein Atem ging schwer. »Du mußt fort«, flüsterte er. »Du mußt sofort hier weg. Sie haben natürlich gemerkt, daß sie mich erwischt haben, und werden jetzt kommen ... Nimm alles, was du brauchen kannst. Hörst du? Alles. Du mußt fliehen! Auf keinen Fall kannst du zu unserer Einheit zurück! Du mußt über die Grenze!«

»Ja«, sagte sie. »Über die Grenze.«

»Zunächst nach Norden! Immer nach Norden bis zur Ebene der Sümpfe, dann nach Westen ... Hörst du? Auf jetzt! Weg! Schade ...«

Sie sah seine Hand, die ihr durch die Dunkelheit entgegenkam. Sie wußte erst nicht, was diese Geste bedeuten sollte, aber dann ergriff sie die Hand und drückte sie.

»Geh! ...« flüsterte der Fahrer. »Halte dich in der Nähe der Straße, aber bleibe im Dschungel bis Kiem Raek.«

»Ja«, sagte sie. »Ja ... Kann ich noch etwas für dich tun?«

Er schüttelte den Kopf, aber dann besann er sich. »Hast du die Zigaretten gefunden?«

Sie nickte.

»Gib mir eine«, sagte er schwach. »Den Rest steckst du ein. Du kannst die Packung unterwegs gegen Lebensmittel eintauschen. – Feuer ist in meiner Jacke.«

Sie fand das Feuerzeug, entzündete die Zigarette und steckte sie ihm zwischen die Lippen.

»Das Feuerzeug kannst du auch behalten«, flüstere er. »Ich brauche es nicht mehr.«

Sie steckte es ein. Dann suchte sie ihre Sachen zusammen, nahm auch den Lebensmittelbeutel und die Melone. Noch einmal kehrte sie zu ihm zurück.

Zuerst glaubte sie, er lächelte sie an. Sie kniete sich neben ihn. Da merkte sie, daß sich kein Muskel in seinem Gesicht mehr bewegte.

Die Zigarette lag neben seiner leblos herabhängenden rech-

ten Hand auf dem Waldboden. Zarte silberblaue Rauchkringel stiegen noch auf.
»Viel Glück! . . .« Lin erschrak.
Hatte er die Worte wirklich gesprochen, oder war der Gruß nur eine Ausgeburt ihrer überreizten Nerven? Sie wußte es nicht. Sie trat die Zigarette mit dem Fuß aus und wandte sich ab. Nach zwei Schritten blickte sie zurück. Sie wollte ihm noch etwas zurufen, wollte ihm sagen, daß vielleicht am Ende doch noch alles gut werden würde, auch wenn im Augenblick vieles dagegen sprach; aber aus ihrer zugeschnürten Kehle kam kein Laut.
Sie drehte sich wieder um und flüchtete tiefer in den Dschungel. Nach zweihundert Metern wechselte sie die Richtung und wandte sich nach Norden.

1.

Ein harter Schlag erschütterte die Nacht. Die Schüsse von automatischen Waffen peitschten durch das Dorf. Lin schreckte auf. Sie hatte gerade von dem kleinen Schulhaus und ihren Schülern geträumt, die sie im Lesen unterrichtete. Schade, der Traum war so überzeugend gewesen. Sie hatte sogar die Lesefibel mit den bunten Bildern vor sich gesehen.
Lin fuhr hoch. Noch halb betäubt vor Erschöpfung und Müdigkeit griff sie nach dem Bündel, das neben ihrem Lager aus Bananenblättern lag, da fiel ihr die Frau ein.
»Geh nur«, sagte eine Stimme aus dem Dunkel. »Geh nur und verstecke dich. Du kannst mir doch nicht helfen. Mir tun sie nichts. Wenn sie fort sind, kommst du zurück.«
Lin sprang auf, hastete durch die Hütte, stieß in der Finsternis gegen den Pfosten, der das Blätterdach trug, und fand endlich den Ausgang. Draußen auf dem Dorfplatz fielen noch immer einzelne Schüsse. Sie hörte das Schreien und

Jammern von Menschen. Die Geschosse peitschten durch das Unterholz, schlitzten die Blätter auf und pfiffen an ihr vorbei.
Lin rannte über den im Mondschein glänzenden Dorfplatz auf die dunkle Masse der Bäume zu. Sie sah die Umrisse des Dorndickichts am Rande der Lichtung und wechselte die Richtung. Die Frau, deren Stimme noch im Ohr klang, hatte ihr den Einschlupf genau beschrieben. Lin fand die Kokospalme, bog die stacheligen Ranken beiseite und befand sich auf einem kleinen Pfad. Gebückt hastete sie weiter, riß sich Arme und Beine auf und zählte die Schritte. Jetzt begann der Pfad anzusteigen. Sie wandte sich nach rechts, erreichte den kleinen Hügel und warf sich nieder. Eine Weile lag sie, mit dem Gesicht zur Erde, keuchend am Boden. Sie sah nichts und hörte nichts, ganz damit beschäftigt, wieder zu Atem zu kommen.
Dann ätzte ein dünnes, hohes Kreischen ihre Sinne, ein entsetzliches Schreien, das nur von Menschen herrühren konnte. Lin hob den Kopf. Zehn oder zwölf Leute rannten über den Dorfplatz. Einige liefen auf den Dschungel zu, andere hasteten vor den Reisighütten hin und her. Viele wußten offensichtlich immer noch nicht, wohin sie sich wenden sollten und irrten in hilfloser Panik hin und her.
Jetzt sah Lin auch Soldaten. Sie lagen in zwei auseinandergezogenen Gruppen am Boden; andere kauerten hinter Baumstämmen und Gebüschinseln. Im silbrigen Licht sahen ihre dunklen Hemden und Hosen doppelt schwarz aus. Sie hatten keine Eile. Mit der gelassenen Ruhe langer Erfahrung trieben sie die Flüchtlinge durch einzelne gezielte Schüsse in die gewünschte Richtung.
Aus einer Hüttentür stürzten zwei Frauen hervor. Einer der Soldaten stellte ihnen ein Bein. Die Frauen stürzten. Ein Junge wollte über sie hinwegspringen. Er war höchstens zehn Jahre alt und sehr mager. Er schaffte den Sprung nicht und stürzte über die Frauen. Sofort saß ihm einer der Soldaten wie

eine Katze auf dem Rücken. Die beiden Frauen taumelten hoch. Ein zweiter Soldat packte sie an den Jacken und schleppte die Frauen wie eine Jagdbeute davon. Eine alte Frau hastete wie ein erschreckter Laufvogel umher.
In der Nachbarhütte zeigten sich zwei Männer, einer trug einen Stock, der wie ein Gewehrlauf aussah. Ein Schuß peitschte vom Dschungelrand auf. Der Mann verschwand, kam zurück. Der Körper sackte zusammen und fiel die Leiter hinab. Offensichtlich hatte einer der Soldaten den Stock für eine Waffe gehalten und sofort geschossen.
Ein Mädchen und zwei Jungen liefen zwischen den Hütten hin und her. Wahrscheinlich suchten sie die Eltern. Es sah aus, als ob sie ein Spiel spielten. Der größere erinnerte Lin an den eigenen Bruder. Seit ihrer Vertreibung hatte sie nichts mehr von ihm gehört. Lebte er noch? Als einer der Soldaten seine Maschinenpistole auf den Jungen richtete, stieß ein anderer sie ihm weg. Dann lief er dem Jungen nach, holte ihn ein und packte ihn am Oberarm.
Doch der Junge war schnell und gelenkig. Die Todesangst verlieh ihm zusätzliche Kräfte. Er drehte und wand sich wie ein Fisch und suchte zu entkommen. Der Soldat gab seine Waffe dem anderen und klemmte ihn sich zwischen seine Knie. Schließlich bekam er ihn zu fassen und schleppte ihn zu den übrigen Flüchtlingen.
Die Frauen drängten sich schutzsuchend aneinander. Die meisten hatten sich seit Wochen nicht mehr sattessen können; sie waren unausgeschlafen und von den endlosen Märschen erschöpft. Einigen waren die Kleider halb vom Leib gerissen worden. Lin sah auch ein paar Mädchen zwischen den Frauen, eines von ihnen war völlig nackt. Die älteren Leute, die sich nicht mehr auf den Beinen halten konnten, hockten am Boden. Sie rührten sich nicht und gaben auch keinen Laut von sich. Gleichgültig gegen alles um sich her, dösten sie vor sich hin.
Die Morgendämmerung kündigte sich an. In dem fahlen

Streifen über den Urwaldbäumen, der allmählich lichter wurde und sich vergrößerte, konnte Lin die Soldaten jetzt besser erkennen. Sie rannten zwischen den Behausungen hin und her und durchsuchten die Hütten nach Lebensmitteln und anderen Beutestücken. In unregelmäßigen Abständen kamen sie mit kleinen Säcken und Körben zum Sammelplatz; aber außer Reis und einigen Büscheln unreifer Bananen war kaum etwas zu holen. Dazu dauerte der Krieg schon zu lange, war der Ort schon zu oft geplündert worden.
Waren es Rote Khmer oder Angehörige irgendeiner der anderen Befreiungsarmeen? Lin vermochte die Symbole an den Hemden nicht zu erkennen, und im Grunde war es auch gleichgültig. In ihrem Verhalten der Zivilbevölkerung gegenüber unterschieden sich die Soldaten ohnehin nicht. Lin schreckte auf und entdeckte ein schmerzhaftes Stechen am Hals. Das Stechen ging auf die Hand über, und sie sah zwei schwarze Ameisen, groß wie Wespen, die sich mit ausgestreckten Fühlern zwischen ihre Finger schoben. Sie schüttelte die Hand voller Abscheu. Dann entdeckte sie die Tiere auch an ihrer Bluse und den Hosen und brauchte alle Selbstbeherrschung, um nicht aufzuspringen.
Auf Händen, Knien und Fußspitzen kroch sie einige Meter seitwärts. Die Soldaten hatten inzwischen ein Feuer entzündet und einen großen Kessel aufgehängt. Lin sah, wie sie Reis in das Wasser schütteten, und plötzlich spürte sie ihren Hunger. Seit ihrer Flucht vor vier Tagen hatte sie nichts außer einigen Bananen gegessen. Nun, immerhin lebte sie noch, und das war in solchen Zeiten nicht wenig.
Die Soldaten hatten etwa zwanzig Menschen zusammengetrieben, vor allem alte Leute, die den Strapazen der Umsiedlung nicht mehr gewachsen waren, dazu einige Frauen und Kinder. Was würde sie erwarten? Würde man sie erschießen? Die meisten machten nicht den Eindruck, als seien sie noch an ihrem Schicksal interessiert. Lins Hüttennachbarin war nicht dabei. Hatte man sie nicht entdeckt oder in einem Anfall von

Großmut zurückgelassen? Aber daran vermochte Lin nicht zu glauben. Wahrscheinlich hatte man erkannt, daß sie ohnehin sterben würde und hatte die Mühen gescheut, die Frau zum Sammelplatz zu schleppen.
Die Soldaten aßen jetzt, die Gesichter dem Dschungel zugekehrt. Sie rechneten damit, daß noch einige Flüchtlinge, durch die Ruhe getäuscht, zurückkehren würden. Das nackte Mädchen hatte es irgendwie fertiggebracht, sich anzuziehen. Die Gefangenen beobachteten mit ausdruckslosen Gesichtern, wie sich die Soldaten den dampfenden Reis aus kleinen Näpfen in den Mund stopften. Die Gefangenen bekamen nichts, und sie rechneten auch nicht damit.
Ein halbe Stunde später, während die aufgehende Sonne den Dorfplatz in ein rosiges Licht tauchte, sprang der Offizier auf die Füße. Mit gespreizten Beinen, die Hände auf dem Rücken, hielt er eine kurze Ansprache. Lin konnte seine Worte nicht verstehen; aber zwei Minuten später verteilten die Soldaten die Säcke und Körbe auf die Frauen und älteren Kinder. Also würden sie den Trupp begleiten müssen. In einer langen Reihe, einer hinter dem anderen, rückten sie ab, eine Gruppe Soldaten mit dem Offizier an der Spitze, eine zweite am Ende.
Lin rührte sich nicht. Sie beobachtete, wie auch die letzten im Dschungel untertauchten. Was konnte sie tun, jetzt, da sie allein war, endgültig allein in der Wildnis Nordkambodschas? Sie kannte weder den genauen Weg noch die Entfernung bis zur thailändischen Grenze, nur die ungefähre Richtung. Sechs Tage würde sie unterwegs sein, hatte man ihr berichtet, aber daraus konnten leicht auch zehn oder zwölf Tage werden, wußte sie. Der gesunde Menschenverstand sagte ihr, daß es am besten sei, keine langfristigen Pläne zu machen, nichts zu erhoffen und sich ganz nach den Erfordernissen des Tages zu richten.
Sie erhob sich. Ihre Beine waren taub. Sie stolperte auf dem Rückweg über eine Wurzel und riß sich an den Dornen das

Gesicht blutig. Mit vorgestreckten Händen schob sie die Ranken beiseite und drängte sich durch das Gestrüpp. Noch ehe sie die Hütte erreichte, hörte sie die Frau stöhnen. Also lebte sie noch.

»Da bist du ja. Du hast es also überstanden. Ich wußte, daß du zurückkommen würdest«, flüsterte die Stimme, als Lin sich in das Innere tastete.

Die Frau lag noch in der gleichen Stellung auf dem Bananenblatthaufen wie gestern abend, als hätte sie sich nicht bewegt.

»Kann ich etwas für dich tun?« fragte Lin.

»Laß nur«, flüsterte sie. »So spüre ich die Schmerzen noch am wenigsten.«

Lin kniete neben ihr nieder. »Wie geht es dir?«

»Unverändert«, sagte die Frau.

Ihr Atem ging heiser und schwer. Lin fragte sie, ob sie bequem liege und ob sie etwas brauche. Die Frau schüttelte den Kopf.

»Hast du die Soldaten gesehen?« fragte sie. »Wie viele waren es?«

»Etwa zehn, vielleicht auch zwölf oder fünfzehn.«

»Rote Khmer oder andere?«

»Ich weiß es nicht«, gestand Lin. »Sie kamen nicht so nahe heran.«

Die Frau nickte. »Sind sie sehr gemein mit den Leuten umgegangen?«

»Sie haben sie alle mitgenommen. Einige wurden niedergeschossen.«

Die Frau schwieg. In der Hütte war kein Laut außer ihrem heiseren Atem. Dann flüsterte sie:

»Weißt du, was mit meinem Sohn geschehen ist? Haben sie den auch mitgenommen?«

»Es waren einige Jungen dabei. Aber ich konnte ihre Gesichter nicht erkennen. Die Entfernung war zu groß.«

Die Frau blickte sie scharf und forschend mit besorgten Augen an. »Er schlief die Nacht bei meiner Mutter. Ich sagte ihm, er solle sich an sie halten und bei ihr bleiben. Sie braucht seine Hilfe. Ich wollte nicht, daß er sieht, wenn es mit mir zu Ende geht ... Auf diese Weise hat er vielleicht noch eine kleine Chance.«

»Aber du wirst nicht sterben«, sagte Lin rasch. »Dir geht es sogar wieder besser. Darauf möchte ich schwören.«

Die Frau lächelte plötzlich. Dann schlug sie wortlos die nasse Decke beiseite, die über ihren Hüften lag. Jetzt sah Lin das Blut. Die Beine der Frau schwammen geradezu in Blut. Sie zog die Decke wieder über sich.

»Das überzeugte sogar die zwei, die mich hier aufstöberten«, sagte sie in einem ruhigen, gleichgültigen Ton, dessen Ironie gerade noch zu spüren war.

»Sie waren also auch bei dir in der Hütte?«

Die Frau nickte stumm. »Sie wollten, daß ich mitkomme. Aber das Blut war nicht zu übersehen ... Sie merkten, daß es nicht einmal mehr einer Kugel bedurfte ... Mit gesenkten Köpfen zogen sie ab. Ich glaube, sie fühlten sich um ein Stück Arbeit betrogen ... Aber es macht nichts. Nachdem das Kind tot zur Welt kam, ist es ohne Bedeutung. Nur der Junge macht mir Sorgen. Meine Mutter wird es schwer haben mit ihm. Er ist manchmal ein richtiger kleiner Teufel.« Jetzt lächelte sie.

»Ich hätte nicht weglaufen dürfen«, gestand Lin. »Es ist alles meine Schuld.«

Die Frau schüttelte den Kopf. »Wenn du bei mir geblieben wärst, hätten sie dich mitgenommen. Dann würdest du jetzt mit ihnen durch den Dschungel ziehen. Und alle Anstrengungen der letzten vier Tage wären vergeblich gewesen ... Nein, nein, glaube mir, so ist es richtig. Nur ein Arzt hätte mir vielleicht helfen können. Aber auch ihn hätte ich schon vor zwei Tagen gebraucht. Selbst wenn er jetzt käme, wäre es zu spät.«

Sie hatte es ohne Bedauern gesagt mit der stillen Selbstverständlichkeit eines Menschen, der wußte, daß es keine Hoffnung und keine Rettung mehr gab. Sie schwieg und blickte an Lin vorbei durch die offene Hüttentür auf die grüne Sperrmauer des Dschungels.

»Ich blute seit der Geburt vor zwei Tagen«, sagte sie ruhig und tonlos. »Unvorstellbar, wieviel Blut ein Mensch besitzt! Auch unter solchen Verhältnissen und selbst wenn man seit Wochen hungern mußte ... Aber es ist gar kein schlechter Tod. Solange ich still liege, habe ich keine Schmerzen. Ich habe auch keinen Hunger, weder Hunger noch Durst ... Wie alt bist du?« fragte sie plötzlich.

»Achtzehn«, sagte Lin. »Ich wollte Lehrerin werden.«

Die Frau nickte. »Ich bin achtundzwanzig.« Und als sie den überraschten Blick sah, lächelte sie plötzlich. »Ich weiß, ich sehe aus wie eine Vierzigjährige. Ich war Arbeiterin in einer Fahrradfabrik drunten an der Küste. Aber lassen wir das. Du mußt hier weg. Wenn es auch unwahrscheinlich ist, daß sie zurückkommen, solltest du keine Zeit verlieren. Hast du Angst?«

Lin schüttelte den Kopf.

»Du gehst nach Norden. Immerzu nach Norden, bis du in die Reisgebiete kommst, dann hältst du dich nach Westen. Die ungefähre Richtung zu halten, ist gar nicht so schwer. Ich war einmal dort oben. Mein Mann stammte aus der Gegend. Es ist ein Sumpfland, von Kanälen durchzogen. Wenn du ein Boot erwischen kannst, nimmst du ein Boot. Du fährst nachts. Immer nur nachts ... Tagsüber versteckst du dich und schläfst. Da jetzt keine Erntezeit ist, wirst du auch wenige Soldaten dort treffen. Sie kommen nur während der Erntezeit, um den Reis zu beschlagnahmen. – Hast du Hunger?«

Lin mußte lächeln. Die Rollen schienen plötzlich vertauscht.

»Ein bißchen«, sagte sie. »Aber das macht nichts.«

»Du wirst es durchstehen«, sagte die Frau. »Man kann vieles, wenn man ein Ziel hat. Sieh mich an! Solange das Kind lebte, wußte ich, wofür ich alles ertrug. Nun ist es tot, und alles ist vorbei.«

Lin nickte ratlos. »Ich verstehe das schon«, sagte sie leise. »Aber du hast doch noch einen Sohn. Er wird dich brauchen . . . in solchen Zeiten mehr noch als sonst.« Sie zögerte. »Wenn du bei mir wärst, würde ich es schaffen.«
»Nein«, sagte die Frau mit ruhiger Endgültigkeit in der Stimme, gegen die es keinen Einspruch gab. »Damit kannst du nicht rechnen. Aber du wirst auch allein durchkommen. Am besten, du schaust dich jetzt einmal in den Hütten um, ehe du dich auf den Weg machst. Einiges ist sicher übersehen oder vergessen worden. Du wirst es unterwegs gebrauchen können!«
Lin erhob sich. »Ich komme noch einmal zurück.« versprach sie.
Mit hängenden Schultern tappte sie über den leeren Dorfplatz. Die eingesessenen Bewohner hatten den Ort schon vor Wochen oder Monaten verlassen müssen, und die Hütten begannen bereits zu verfallen. Das war hier nicht anders als in den Dörfern, durch die sie schon gekommen war: ein Land wie ein Totenhaus.
Lin fand ein Messer. Neben der dritten Hütte sah sie einen fettigen, vielfach geflickten Lebensmittelbeutel, der noch aus der französischen Kolonialzeit stammen mußte. Er enthielt eine halbe, von Ungeziefer wimmelnde Melone und etwas Reis. Irgendwer mußte ihn unter der wildwuchernden Bananenstaude versteckt und dann in der ersten Panik vergessen haben. Sie wollte die Frucht an der Schnittfläche reinigen, als sich plötzlich ein Körper, einem Tausendfüßler ähnlich, durch das rosige Fruchtfleisch schob. Sie sah den dunkelbraun glänzenden Chitinpanzer, der sich, Zentimeter um Zentimeter, aus der Melone herauswand. Starr vor Entsetzen schleuderte sie die Frucht von sich. Sie zerplatzte mit einem hellen Klatschen an der Leiter der Nachbarhütte.
Nun entdeckte sie auch einige Tote, aber sie vermied es, ihnen in die fahlen Gesichter zu sehen. Niemand hatte sich die Mühe gemacht, die Leichen zu bestatten oder auch nur weg-

zuschleppen. Wahrscheinlich hätte Lin bei ihnen noch einige nützliche Dinge finden können. Aber sie brachte es nicht fertig, die verkrümmten Körper anzufassen.

Die Hütten am Dorfeingang hatten am wenigsten gelitten, weil sie von den Durchziehenden, die hier übernachtet hatten, immer wieder instand gesetzt worden waren. In einer der Feuerstellen glommen noch Aschenreste. Behutsam trat sie näher, um den Augen Zeit zu lassen, sich an das Halbdunkel zu gewöhnen. Deutlich waren die Umrisse des Körpers zu erkennen, der hier geschlafen hatte. Die Hütte war leer. Oder etwa doch nicht?

Plötzlich hielt Lin den Atem an. Da war etwas. Ein Zweig knackte. Aber das konnte auch eine Ratte sein. Eine halbe Minute verging, in der sie sich nicht bewegte. Ein Moskito kreiste mit hellem Sirren um ihren Kopf. In der jähen Stille konnte sie ihr Herz schlagen spüren. Dann tauchte ein schwarzer Haarschopf auf, ein Kopf erschien: das Gesicht eines Kindes.

»Warum versteckst du dich?« fragte sie. Ihre Stimme klang sicherer als ihr zumute war.

Zehn Sekunden blieb alles still. Zwei dunkle Augen musterten sie aufmerksam. Dann wühlte sich ein Kinderkörper zwischen Blätterlager und Hüttenwand empor. Es war ein Junge, vielleicht acht Jahre alt, ein unglaublich abgemagertes Kerlchen, das sie halb trotzig, halb ängstlich anblickte, offenbar bereit, sich wie ein Maulwurf, bei dem geringsten Anzeichen von Gefahr, sofort wieder einzugraben.

»Komm her«, sagte sie. »Ich tu dir nichts. Komm her, wir wollen miteinander sprechen.«

»Wie heißt du?«

Der Junge blickte sie an, ohne zu antworten.

»Komm doch mal her, du«, sagte sie schließlich ruhig, ein wenig hart. »Du wirst doch wissen, wie du heißt.«

»Wan«, sagte der Junge und trat zögernd ein paar Schritte näher.

»Ich heiße Lin«, sagte sie. »Wie hast du es denn angestellt, ihnen zu entkommen?« Sie zupfte und rückte ihm das Hemd zurecht und strich ihm die wilde Haartolle glatt. »Du siehst aus, als wärst du gerade aus einem Abfallhaufen gekrochen.«

»Ah!« sagte er in dem schrillen, ein wenig schleppenden Tonfall der Menschen von der Südküste um Kompong Som. »Mich kriegen sie nicht. Ich bin ihnen weggelaufen. Einfach auf und davon!«

Sie nickte. »Setzen wir uns draußen hin. Hier ist es nicht sehr angenehm. Gehen wir in den Schatten.«

Ohne eine Antwort abzuwarten, drehte sie sich um und verließ die Hütte. Zögernd folgte ihr der Junge.

»Wo sind deine Eltern?«

»Weiß ich nicht.« Er zuckte die Schultern. »Vater ist schon seit zwei Jahren weg«, rief er mit seiner schrillen Stimme. »Zum Aufbau des Sozialismus nach Norden.«

»Und warum bist du dann nicht bei deiner Mutter?« forschte sie.

»Wollte ich ja«, rief Wan in höchst empörtem Ton. »Sie nahmen sie mit zum Reisanbau. Dort dürfen keine Kinder hin, sagen sie. Nur unnötige Esser. Mutter sagte, ich solle in unserem Dorf bleiben, wollte ich auch. Aber dann wurde das Dorf geräumt.«

Lin nickte. Noch vor einem halben Jahr hatte sie es in ihrer Klasse mit ganz ähnlichen Schicksalen zu tun gehabt.

»Und was willst du jetzt machen?«

»Weiß ich noch nicht.« Wan reckte ihr das kleine Gesicht entgegen. »Was machst du denn?« fragte er ausweichend. »Bleibst du hier?«

»Wahrscheinlich nicht.«

»Dann gehe ich mir dir«, entschied er. »Hier ist nichts los. Alle sind weg. Hast du etwas zu essen?«

»Nicht hier.« Sie sah ihn eine Weile fragend an, eine kalte, beziehungslose Zuneigung im Blick.

»Aber du kannst etwas bekommen. Viel habe ich selbst nicht.«
»Oh-ho-ho!« rief der Junge begeistert und reckte ihr sein kleines, strahlendes Gesicht entgegen. »Ich bleibe bei dir. Bist du froh, Lin? Freust du dich?« Er stieß einen kleinen kläffenden Schrei aus wie ein junger Hund, mit dem man sich zu spielen anschickt. »Laufen wir? Fängst du mich?« rief er, machte ein paar Schritte, um Abstand zu gewinnen, und blieb dann wieder stehen. »Fang mich doch, Lin!«
Sie setzte an, lief aber nicht wirklich. »Ich kann nicht«, erklärte sie. »Du bist zu schnell für mich. Ich kann dich nicht fangen.«
»Oh-oh! Du lügst! Du hast es gar nicht ernsthaft versucht«, rief er gereizt und flehentlich. Dann kehrte er zurück, faßte sie an der Hand und zerrte sie hinter sich her. Plötzlich ließ er sie los.
»Auf jetzt! Auf!« ermunterte er sie.
Er lief einige Schritte voraus, blickte sich um, und als sie ihm folgte, rannte er begeistert weiter. »Oh-oh-oh . . . Du kriegst mich nicht.«
Sie sorgte dafür, daß sie ihre alte Hütte erreichte, ohne ihn einzuholen. Was sollte sie tun? Wenn sie tatsächlich über die thailändische Grenze wollte, konnte sie den Jungen nicht mitnehmen. Und warum auch? Er war ihr völlig fremd. Warum sollte sie sich mit einem fremden Kind belasten, das sie nichts anging? Niemand konnte das in solchen Zeiten von ihr verlangen. Für sie allein würde es schon schwierig genug werden.
Wan war plötzlich still geworden und blickte sie mit dem flackernden Blick eines Gehetzten abwesend an.
»Was hast du? Bist du böse?«
»Nein, nein . . . Gar nicht«, sagte sie schnell. Ahnte er etwas von ihrem Entschluß? »Komm, setz dich.«
Sie zerrte ihren Beutel hervor und gab ihm die Hälfte des kalten, gekochten Reisklumpens, den sie seit Tagen als letzte Reserve mitschleppte, in die schmutzigen Hände.

»Du hättest dich auch einmal waschen können«, sagte sie. »Zeit genug hattest du ja. Und du weißt auch, wo das Wasser ist.« Sie mußte ihn unter allen Umständen dazu bringen, daß er zu dem Bach am anderen Ende des Dorfes ging. Das würde ihr die Gelegenheit geben, sich heimlich davonzumachen. Der Einfall war ihr ganz plötzlich gekommen. Wenn sie erst nicht mehr da war, würde er sie rasch vergessen haben. Ihre Bekanntschaft war ja erst eine Viertelstunde alt. Sie kaute mit trockenem Munde. Der Reis schmeckte ihr nicht, obwohl sie hungrig war. Dann holte sie aus der Hütte einen irdenen Topf und gab ihn dem Jungen.

»Er wird dir etwas Wasser holen«, sagte sie in das Halbdunkel, ohne eine Antwort zu erhalten.

Als der Junge mit dem Gefäß gegangen war, regte sich die Frau, und Lin trat in die Hütte.

»Du hast geschlafen«, sagte sie leise, darum bemüht, ihre Ungeduld hinter einem ernsten Lächeln zu verbergen.

»Ja«, sagte die Frau, ein wenig heiser atmend. »Was haben wir für eine Tageszeit?«

»Es ist noch Morgen, vielleicht zwei Stunden nach Sonnenaufgang.«

»Du hast einen Jungen in den Hütten gefunden ... Armes Kind«, flüsterte die Sterbende. »Wie alt ist er?«

»Vielleicht acht«, sagte Lin schnell. »Er hatte sich versteckt. Darum fanden sie ihn nicht. Er wird dir etwas Wasser holen.«

Nach einer Weile sagte die Frau: »Ich brauche kein Wasser mehr. Ich blute wieder ...«

Die Bananenblätter raschelten unter ihrem Gewicht wie Papier. Lin sah, wie sich die Frau auf einen Ellbogen zu stützen suchte, aber dann zurücksank. »Du schickst den Jungen zum Bach, weil er dir lästig ist. Du schickst ihn fort ...«, flüsterte sie. »Das solltest du nicht tun. Er wird hier sterben müssen, wenn du ihn bei mir zurückläßt ... Ich kann ihm nicht helfen ...«

Lin blickte unbehaglich auf die Sterbende. »Vorhin sagtest

du, ich solle über die Grenze. Wie kann ich das mit dem Jungen! Es wird schwierig genug, wenn ich allein bin.«
Die Frau verstummte und blickte gegen das Hüttendach, ihre Hände lagen ruhig neben ihr. Ihr Atem ging heiser, aber sie hatte offensichtlich keine Schmerzen.
»Wenn du ihn bei mir zurückläßt, ist es genau so gut, wie wenn du ihn tötest ... Daran solltest du denken.«
Lin starrte sie einen Augenblick besorgt an, dann sagte sie rasch: »Ich kann nicht ... Ich kann ihn nicht mitnehmen ... Er hätte mit den anderen gehen sollen. Ich kann ihm nicht helfen«, stieß sie ärgerlich aus. »Ich bin nicht für die Zustände verantwortlich. Ich habe sie nicht gewollt. Wenn sie mich erwischen, werden sie mich erschießen. Das weißt du so gut wie ich ...« Sie schwieg gehetzt. Begriff die Frau das denn nicht! »Dem Jungen wird nichts geschehen. Aber mich werden sie erschießen oder mit einem Straftrupp in die Sümpfe schicken, was auf dasselbe hinausläuft ... Dafür gibt es Beispiele genug.«
Sie stockte unvermittelt und starrte auf die Frau. War das alles, was zwischen Menschen geblieben war: dieses Lügen, das Ausweichen, der Argwohn? Lin kam sich mit einem Male nackt und gedemütigt vor.
»Ich wünsche niemand etwas Schlechtes. Ich habe meinen Beruf verloren, die Familie, mein Zuhause ... Soll ich jetzt auch noch mein Leben opfern – für einen Jungen, den ich gar nicht kenne? Das kann niemand von mir verlangen.«
Sie wandte sich brüsk ab, machte ein paar Schritte und blieb wieder stehen. »Morgen, vielleicht schon heute, werden andere durch das Dorf kommen. Sie werden hier übernachten. Ihnen kann er sich anschließen«, sagte sie etwas ruhiger. »Ich bin allein, und ich kann ihm nicht helfen. Ich kann es nicht, mache ihm das klar. Sag ihm, er solle hierbleiben, bis wieder Leute durch das Dorf kommen.«
Ohne eine Antwort abzuwarten, verließ sie die Hütte. Nach fünfzig Schritten begann sie zu laufen.

Wenige Meter vor dem Dorngestrüpp hörte sie eine Stimme. »Halt! So warte doch! ... Du sollst warten!« bettelte eine dünne, klägliche Stimme hinter ihr.
Krank vor Scham, Selbstekel und Verzweiflung rannte sie weiter. Am liebsten hätte sie sich die Ohren zugehalten.
»Lin, so warte doch! ... Ich komm' ja schon. Lin ...«, flehte der Junge, dem Weinen nahe. »Lin, was hast du? ... Warum wartest du nicht.«
Er kam hinter ihr her, hörte sie, und sie rannte weiter, immer schneller. Sie erreichte die ersten Bäume, drängte sich durch das Unterholz. Immer wieder stolperte sie über Wurzeln; Zweige peitschten ihre Arme und ihr Gesicht. Blind rannte sie in ein großes Spinnennetz. Ekel erfaßte sie, als sie die klebrigen Fäden auf der nackten Haut spürte.
Nach hundert Metern wechselte sie die Richtung und achtete darauf, alle Geräusche zu vermeiden.
»Lin! L-i-i-n ...«
Hörte das nie auf! Zwei Minuten später verstummte die Kinderstimme, und sie fiel in Schritt. Vor Erschöpfung ließ sie sich auf den weichen Waldboden fallen. Wie lange sie so dalag, wußte sie nicht. Die Zeit tropfte in einem atemlosen Grausen, in dem sich alles drehte, zusammentaumelte und verschmolz, dahin. Immer wieder tauchte das Gesicht des Jungen vor ihr auf, und sie mußte daran denken, wie fröhlich er gewesen war. Ein Hauch von Zärtlichkeit stieg in ihr auf. Sie erinnerte sich an die Selbstverständlichkeit, mit der er ihre Hilfe und Fürsorge in Anspruch genommen und wie er mit ihr zu spielen versucht hatte. Dann begriff Lin plötzlich, ohne sich dagegen wehren zu können, daß sie ihn endgültig verloren hatte, und ihn nie wiedersehen würde. Sie hörte sich seufzen, und dann war sie sich der Laute, die sie in ihrer Qual ausstieß, nicht mehr bewußt. Sie fühlte nur ein Gemisch aus ungeheurem Kummer, aus Verbitterung und Angst vor der Zukunft. Sie gab sich diesen Gefühlen erschöpft hin. Weinend lag sie am Boden.

Welch eine Zeit, die die Menschen zu solchem Handeln zwang! Lin starrte auf die weißlichen Termitenhügel, die ihre mondhaften Piks in den fleckigen Dämmer reckten. Nur ganz allmählich fand sie zu sich selbst zurück. Sie merkte, wie sehr sie die letzte halbe Stunde erschöpft hatte und wie durstig sie war. Dabei stellte sie fest, daß sie ihren Beutel mit den Lebensmitteln entweder verloren oder vor der Hütte vergessen hatte. Wenn sie nicht alles aufgeben wollte, mußte sie zurück. Das Messer, der Eßnapf, der Kamm, ein Löffel, dazu die Lebensmittel, alles, was sie gesammelt hatte, war verloren. Sie mußte zurück.

Sie erhob sich, zögerte, dann kehrte sie um. Wie hatte ihr das passieren können! Wenn sie einen Abkürzungsweg zur Siedlung einschlug, war sie vielleicht noch früher dort als Wan, konnte sie den Beutel aufnehmen und sich davonmachen.

Sie hastete vorwärts, darauf bedacht, die Richtung nicht zu verlieren. Bisweilen vernahm sie die vielfältigen, feuchten Geräusche des Dschungels, das Geschrei der Vögel und der anderen Tiere, meist aber hörte sie nur ihr eigenes hastiges Keuchen. Schließlich erreichte sie den Waldrand und nahm im Schutze eines der Bäume den Dorfplatz in Augenschein.

Nichts rührte sich. Nur ein struppiger Köter schnüffelte zwischen den Hütten auf der Suche nach etwas Eßbarem. Alles war jetzt von blendendem Sonnenlicht und Hitze erfüllt. Lin wartete zwei Minuten, dann eilte sie weiter.

»Bum, bum, bum!« machte plötzlich eine schrille Stimme hinter ihr.

Sie drehte sich halb um und sah den Jungen, der nach vorn geneigt, die Hände an der Hüfte, als halte er eine Maschinenpistole, auf sie zukam; aber dann auf halbem Wege seine Vorstellung abbrach und ihr entgegenrannte.

»Whah-whah, whah!« machte er maßlos begeistert. »Gewonnen! Jetzt hab' ich dich! Ich wußte, daß zu zurückkommen würdest.«

»Nun, ich weiß wahrhaftig nicht, warum du so ein heilloses

Geschrei machst«, sagte sie beschwichtigend und spreizte die Beine, um den Ansturm abzufangen.
Sie packte ihn unter den Armen und wirbelte ihn durch die Luft. »Schon recht! Schon recht!« rief sie. »Du brauchst mich ja nicht gerade vor Begeisterung umzuwerfen«, keuchte sie, gereizt und verdrossen über ihre eigene Dummheit und die Vorstellung, daß nun alles von neuem beginnen würde; aber zugleich auch froh und erleichtert.
»Ich hab's gewußt, daß ich dich finden würde!« rief der Junge, der ihr überhaupt nicht zugehört hatte, sondern sich immer fester an sie klammerte, schnaufte, keuchte und mit seinem wilden, übersteigerten Lachen alle Vorwürfe und Einsprüche unmöglich machte.
»Hast du meinen Beutel? Oder weißt du wenigstens, wo er ist!«
»Whah! Whah!« schrie Wan begeistert. »Neben der Hütte liegt er. Du hast ihn vergessen.«
»Schon gut«, sagte sie. »Ich weiß, daß ich ihn vergessen hatte. Wie geht es der Frau?«
»Ich weiß nicht«, sagte Wan. Er sah sie an und schüttelte jammervoll den Kopf. »Sie spricht nicht mehr, überhaupt nicht mehr.«
»Was heißt das?« Sie schwieg. Sie fühlte sich, als wäre plötzlich eine dünne Eisschicht um ihr Herz gewachsen.
»Oh«, sagte der Junge dann. Seine Mundwinkel zuckten. »Sie schläft und schläft nur noch . . .«
Sie betrat die Hütte. Die mit Lehm verschmierten Reisigwände ließen kein Tageslicht in das Innere. Sie blieb eine halbe Minute im Eingang stehen, um die Augen an die Finsternis zu gewöhnen.
Die Frau lag ausgestreckt auf dem Blätterhaufen, den Kopf zur Seite gedreht, ein Arm hing herab. Noch ehe sie sich über ihr Gesicht beugte, wußte sie, daß die Frau tot war. Da war kein Atemzug mehr. Nichts.
Starr vor Erschütterung stand Lin da. Dann hob sie die Hand

auf und legte sie ganz sanft auf den Leib der Toten. Erschüttert schaute sie auf die Frau. Sie hatten sich erst gestern abend zum erstenmal getroffen. Es hatten keinerlei persönliche Beziehungen zwischen ihnen bestanden; dennoch fühlte Lin sich, als wäre ihr alles Blut vom Herzen weggeströmt.

»Was hat sie? Schläft sie?« Wan zerrte ungeduldig an ihrer Hand.

»Ja, für immer . . .«

Ein fahles Lächeln zitterte um ihre Lippen. In einem plötzlichen Einfall nahm sie die nasse Decke und legte sie der Toten über das Gesicht. Mehr konnte sie nicht tun. Es gab keinen Spaten, keine Schaufel. Sie hatte auch nicht die Zeit, ein Grab auszuheben.

»Gehen wir jetzt?«

»Ja«, sagte Lin. »Wo ist mein Beutel?«

Wan riß sich los. »Hier«, rief er begeistert und brachte ihn heran. »Ich hatte ihn versteckt. Dort in der Ecke. Gehen wir jetzt?«

Sie nickte und wandte sich ab. Wan lief voraus.

»Warte noch einen Augenblick! Ich bin gleich zurück.« Er verschwand in einer der Hütten, holte dort etwas. Dann rannte er zu der Behausung, in der er sich versteckt hatte und kam mit einem spitzen Strohhut, wie ihn die Reisbauern trugen, und mit einem kleinen Korb, über den er einen alten Lappen gespannt hatte, zurück.

»He, nun mach schon«, rief sie. »Höchste Zeit jetzt.«

Wan kam herangetrödelt, setzte sich aber in Trab, als er sah, daß sie nicht länger auf ihn wartete, und holte sie ein.

»Sieh mal, was ich hier habe.« Er zeigte den Hut.

»Gut, den kannst du aufsetzen. Dann hast du auch die Hand frei. Und was ist in dem Korb?«

»Wah! Wahaha!« schrie er, und sein wildes, übersteigertes Lachen war so ansteckend, daß es alle Worte und Vorwürfe zunichte machte. »Uih!« rief er. Er gickste Lin in die Seite und schüttelte geheimnisvoll den Kopf.

»Rate einmal, Lin!«
»Was in aller Welt ist denn in dich gefahren?« sagte sie ärgerlich. »Nun sag schon, was du hast.«
Er schüttelte den Kopf. »Raten sollst du! Du sollst raten!«
»Was soll der Blödsinn? Ich bin nicht in der Stimmung für so etwas«, mumelte sie. »Sag, was es ist, oder laß es bleiben.«
»Bitte, bitte!«
»Eine halbe Melone.«
»Nein.« Wan schüttelte heftig den Kopf. »Ganz falsch.«
»Etwas Eßbares?«
»Nein, nein.«
Er lachte wieder sein schrilles Lachen.
Sie glaubte plötzlich ein Geräusch aus dem Korb zu hören. »Etwas Lebendes? ... Ein Tier?« fragte sie, schon halb von seiner Begeisterung angesteckt.
»Ja, aber du mogelst! Du hast etwas gesehen«, rief er.
»Unsinn! Wie kann ich etwas sehen! Du hast doch einen Lappen darüber gebunden. Also was ist es? Hoffentlich keine Schlange oder Spinne. Diese Tiere können gefährlich sein.«
Sie hatten die ersten Bäume erreicht. »Warte«, sagte er. »Ich zeig' dir's.« Er entknotete umständlich einen Zipfel des Tuchs, das wahrscheinlich einmal eine Bluse gewesen war. »Hier! – Ist sie nicht lieb?« fragte er Zustimmung heischend. »Gefällt sie dir?«
Sie blickte in den Korb und fuhr im nächsten Augenblick zurück, außerstande, etwas zu sagen. Schließlich stammelte sie:
»Aber das ist ja eine Ratte.«
»Ja«, schrie er begeistert. »Ich habe sie selbst gefangen. Gefällt sie dir? ... Siehst du ihre Augen? Sie kennt mich schon.«
»O Buddha«, murmelte sie. »Sie wird dir ins Gesicht springen.«
»Whah, whah! Kann sie gar nicht! Sie kann nicht raus.« Er gickste ihr in die Seite und bog sich vor Begeisterung. »Sie

kann nicht fort. Ich habe sie mit dem Hinterbein an den Korb gebunden.«
»Auch das noch«, stöhnte sie halb ärgerlich, halb belustigt. »Und was willst du mit ihr anstellen?«
»Wir nehmen sie mit«, erklärte er. »Ich habe alles mit ihr besprochen. Sie geht mit uns.«
»Du mußt sie aber tragen.«
»Klar«, sagte er. »Sie bleibt bei mir.«

2.

Lin und Wan gingen jetzt hintereinander. Die Bäume zu beiden Seiten des Pfades vereinigten sich über ihren Köpfen. Lin und Wan gingen wie durch einen Tunnel, dessen Wände aus Blattwerk bestanden und dessen Boden mit Schlamm bedeckt war. Das Sonnenlicht sickerte nur mühsam durch das ungeheure Geflecht aus Blättern, Palmzweigen, Ranken, Ästen und Baumstämmen. Es wurde vom Dschungel aufgesogen, war nur noch ein samtener grüner Schimmer und rief in Lin eine Stimmung hervor, als befände sie sich in den ineinandergreifenden Gewölben einer buddhistischen Tempelanlage. Ringsum waren sie vom Dschungel umgeben, von Dämmerung und tropfenden Wassern, von den Geräuschen und Gerüchen der tiefsten Dschungelwildnis. Der feuchte Geruch der Kräuter, der Fäulnis und des Wachstums bedrängte sie und löste ein erstickendes, würgendes Gefühl aus.
Nach einer Stunde blieb Wan plötzlich zurück. »Warte auf mich, Lin«, hörte sie seine Stimme.
»Was ist jetzt schon wieder?«
Sie hielt an, seufzte und blickte zurück. Sie sah sein unbeholfenes Hantieren mit den Knöpfen der Hose, während er den Korb von der einen Hand in die andere gab.

»Würdest du dein Ungeheuer solange abstellen, wäre alles sicher einfacher«, sagte sie gereizt. »Außerdem wäre es gescheit gewesen, wenn du das im Dorf gemacht hättest.«
»Da mußte ich aber nicht.«
Sie sah, wie sich die kleine Gestalt hinhockte und schließlich wieder aufstand. Alles ging so langsam, daß es sie rasend machte.
»Na, los! Beeil dich!« drängte sie. Es war bereits früher Nachmittag, und sie hatten kaum ein paar hundert Meter geschafft.
»Ich kann aber nicht schneller.«
Sie merkte wohl, wie selbstverständlich das klang und wie recht er hatte. Es ärgerte sie aber nur um so mehr.
»Los jetzt! ... Wir haben nicht so viel Zeit. Hörst du?«
»Uh-huhu«, machte Wan, offensichtlich nicht im geringsten beeindruckt. »Uh-huhu ...«
»Ich gehe jetzt weiter.«
Er kam ihr nachgerannt, den Korb in der abgewinkelten Hand.
Nach einer Stunde mündete der Pfad auf eine offene, grasbewachsene Fläche. Wan ging in Lins Schatten mit gesenktem Kopf. Sie merkte plötzlich, wie er hierhin und dahin hüpfte, darauf versessen, ihren Schatten unter den Füßen zu halten.
»Wie alt bist du eigentlich?« fragte sie. »Vier? Oder bist du erst drei?«
»Acht Jahre«, erklärte er ernsthaft.
»Wenn man dich so sieht, könnte man meinen, du hättest den Verstand eines Vierjährigen. So ein Unsinn! Du machst dich mit Gewalt müde.«
»Uh-huh-uh!« jaulte er.
Doch dann wurde es ihm leid, er lief zu ihr heran und schob seine Hand in die ihre. Sie griff sachte zu, nicht sehr zärtlich, denn die kleine Hand war klebrig. Sie ließ sie nur gerade dort sein, so lange sie wollte.
»Wohin gehen wir, Lin?«

»Das siehst du doch«, sagte sie kurzangebunden.
»Ich meine, wohin denn?«
»Immer geradeaus.«
»Und warum sind wir nicht in dem Dorf geblieben?«
»Weil wir dort nicht bleiben konnten«, behauptete sie abweisend. »Begreifst du das denn nicht? Ist denn das so schwer zu verstehen? . . . Wir konnten nicht . . . Es war nicht möglich.«
»Und warum?« beharrte er unentwegt.
»Es war zu gefährlich. Du hast doch die Soldaten gesehen. Sie hätten leicht wiederkommen können«, sagte sie verdrossen. »Einmal sind wir davongekommen. Zweimal hintereinander hat man nicht soviel Glück. Jedenfalls glaube ich nicht daran . . .«
»Glück? . . .«, unterbrach er sie. »Was ist das?«
Sie schwieg. Er zerrte an ihrer Hand.
»Ich weiß auch nicht, o Buddha«, murmelte sie dann. »Etwas, das man hat oder auch nicht hat . . . Etwas, das uns allen fehlt – dem Land und uns allen. Ich kann es nicht erklären«, schloß sie. »Du wirst es schon noch merken, wenn du größer bist und es dir fehlt. Im Augenblick jedenfalls hast du es – mehr Glück als Verstand und Einsicht.«
»Verstehe ich nicht.«
Sie schwieg eine Weile. »Na, Glück bedeutet es für dich, daß du mich getroffen hast, daß du jetzt bei mir bist.«
»War es auch Glück für dich, daß du mich getroffen hast und daß ich bei dir bin?« wollte er wissen.
»Da bin ich mir noch nicht so sicher«, meinte sie sarkastisch. »Das wird sich erst noch zeigen. Im Augenblick jedenfalls habe ich starke Zweifel.«
»Warum?«
»Weil du eine Menge Ärger machst«, beschied sie ihn. »Weil du ständig bummelst und Sonderwünsche hast und den Mund nicht hältst.«
»Aber ich rede doch gar nicht viel«, begehrte er auf.
»Um Himmels willen, sei jetzt einmal still!« fuhr sie ihn an.

»Merkst du denn nicht, daß ich nachdenke.«
Er hopste an ihrer Seite dahin. Sie schaute auf ihn nieder. Sie konnte nichts von ihm sehen, außer den großen Reisstrohhut und den Füßen, die abwechselnd darunter erschienen. Es war, als ob der Hut neben ihr herliefe.
Eine Stunde lang durchquerten sie ein weites Tal, und die Nachmittagssonne strahlte auf sie nieder. Das Gras wuchs zu erschreckender Höhe empor. Jeder Grashalm war fingerbreit und reichte ihr bis zum Gesicht. Bisweilen hatte sie den Eindruck, durch einen Miniaturwald zu tappen, aber auf diesen Wald war kein Verlaß. Er wankte und schwankte, schlug raschelnd gegen ihre Beine, war weich und nachgiebig und widerlich. Alle Augenblicke wurden Wolken von Mücken aufgestört, die sie peinigend umschwirrten. Auch viele Spinnen gab es, und ihre Netze legten sich über Gesicht und Hände.
Meist war das Gras zu hoch für Lin, um ihr einen Überblick zu gestatten, aber sie richtete sich nach der Sonne und hielt keinen Augenblick an. Als sie feststellte, daß Wan zwei Schritte machen mußte, während sie einen Schritt brauchte, verlangsamte sie unauffällig ihre Schnelligkeit. Sie wollte ihn nicht merken lassen, daß sie Rücksicht auf ihn nahm. Das hätte sie in Verlegenheit gebracht. Zudem wäre Wan schlau genug gewesen, ihre Schwäche zu merken, sich daran zu gewöhnen und, wenn nötig, ausnutzen. Nein, Wan mußte schon begreifen, daß er Schritt zu halten hatte. Eine andere Möglichkeit gab es nicht.
Ihre anfängliche Furcht, auf Soldaten zu treffen, wurde allmählich von den Anforderungen des Fußmarsches überlagert. Aber eine neue, anders geartete Besorgnis begann von ihr Besitz zu ergreifen. Das Grasland schien sich in solch unendliche Weiten zu erstrecken und verlor sich in eine so vollkommene Stille, daß sie sich immer stärker seiner Unberührtheit und seiner geheimnisvollen, hinterhältigen Leere bewußt wurde. Sie erinnerte sich eines Gerüchtes, nach dem die Be-

wohner, die einst hier ihre Felder gehabt hatten, von einer Seuche hinweggerafft worden waren; die wenigen Überlebenden hatten sich weiter nordwärts angesiedelt. Bis jetzt hatte sie noch niemals an jene Menschen gedacht, es sei denn, daß sie Spuren ihrer Arbeit vermißt hatte, aber jetzt, inmitten des tiefen, summenden Schweigens und des Sonnenlichtes geriet sie in eine nervöse Erregung, die sie bisweilen plötzlich anhalten und dann wieder vorwärts eilen ließ, während ihre Beine vor Anstrengung zitterten.

Am Spätnachmittag bewölkte sich die Sonne, und es begann zu regnen. Zuerst war es angenehm. Der Regen war kühl und ließ einen leichten Luftzug über das Gras hinwegziehen, aber bald weichte der Boden auf, und ihre Sandalen bezogen sich mit Dreck. Nach und nach wurden Lin und Wan vollständig durchnäßt. Aber sie legten keine Rast ein.

Eine Stunde später begann sich die Landschaft zu verändern. Einzelne Hügel tauchten auf, erhoben sich steiler und waren mit hüfthohem Buschwerk und breitblättrigen Pflanzen bedeckt. Zum erstenmal, seit die beiden heute morgen den Dschungel verlassen hatten, durchschritten sie wieder eine Baumgruppe. Der Regen hörte auf, und sogleich begann die Sonne, die schon tief im Westen stand, wieder zu brennen.

»Lin –«

»Ja.«

»Du, Lin –«

»Was willst du denn?« fragte sie.

»Ich muß etwas essen. Ich habe Hunger.«

»Essen? . . .« Lin schreckte aus ihren Gedanken auf. »Du hast doch gegessen, ehe wir aufbrachen.«

»Ich muß aber etwas essen«, behauptete er.

»Wir essen, wenn wir Rast für die Nacht machen.«

»Und wann machen wir Rast?« fragte er in einem stillen, kläglichen Ton, der eigentümlich klar durch die Stille drang.

»Ich denke, bald.«

Sie tappten schweigend einige hundert Meter weiter, dann kam die Stimme wieder, müde und bettelnd.
»Lin!«
»Ja.«
»Hast du noch keinen Hunger?«
»Doch. Etwas schon«, gab sie zu. »Aber eine halbe Stunde halte ich schon noch aus.«
Alles war von blendendem Sonnenlicht, Hitze und Stille erfüllt. Das Buschwerk wuchs höher und reichte jetzt bis über ihre Köpfe. Die dornigen Zweige griffen nach ihnen und verhakten sich in ihren Kleidern. Sie zwängten sich durch die Büsche, bis die Widerhaken sich so festklammerten, daß sie immer wieder halt machen mußten, um sich von den Dornen zu befreien. Gras und Buschwerk wechselte mit wilden Bananenbäumen, aus denen die Blütentrauben wie violette Flecken leuchteten. Buntscheckige Hornissen brummten um grünliche Nester, die an den unteren Ästen der Brechnußbäume hingen.
Eine halbe Stunde später erreichten sie das Bett eines Bachs. Der mit Benzoebäumen bewachsene Boden war überraschend steinig. Ein Ziegenpfad führte im Zickzack durch das Gebüsch. Lin ging voraus; sie hielt den Kopf gesenkt und bewegte sich mit eingezogenen Schultern, um sich gegen die peitschenden Zweige und Dornen zu schützen. Dann wurde der Boden abschüssig. Eine fette Schicht von faulenden Blättern, in die sie bei jedem Schritt bis zu den Knöcheln einsanken, erschwerte noch zusätzlich das Vorwärtskommen.
»Kannst du noch ein bißchen durchhalten?«
»Na schön«, tönte die müde Stimme hinter ihr. »Aber lange nicht mehr.«
»Das ist prima«, sagte Lin ermunternd. »Sobald wir einen geeigneten Ort gefunden haben, machen wir halt für die Nacht.«
Sie tappte wieder weiter, rutschte. Ihre Oberschenkel zitterten von der vermehrten Anstrengung. Plötzlich lichtete sich

das Gestrüpp, und sie stand vor einer von Palmen eingefaßten Grasfläche, durch die der Bach floß. Das strohartige Gras mit seinen breiten und scharfen Halmen reichte ihr bis zu den Knien und krachte unter ihren Füßen wie trockenes Heu.
»Hier bleiben wir. Einen besseren Rastplatz werden wir nicht finden.«
Wan wirkte keineswegs erschöpft. Behutsam setzte er den Korb ab, mehr um das Wohlergehen seiner Ratte besorgt als um die eigene Bequemlichkeit.
»Du kannst dich am Bach waschen, und wenn du ein Geschäft zu erledigen hast, mache es vorher.«
»Ja, ja, aber ich muß nicht«, erklärte er beschwichtigend. Er kniete vor dem Korb, von dem er das Tuch an einem Ende losgeknüpft hatte, und blickte angestrengt in das Innere.
»Was hast du?« fragte sie, durch sein jammervolles Gesicht aufmerksam geworden. »Ist etwas?«
»Sie ist krank«, murmelte er, ». . . krank . . .«
»Wie kommst du darauf?«
»Weil sie sich nicht bewegt. Sie hockt ganz still da.«
»Sie wird müde sein wie wir beide.«
Lin, die gerade zum Bach gewollt hatte, blieb stehen, drehte sich um und sagte ruhig und barsch: »Du hast die Ratte den ganzen Nachmittag durch die Gegend geschaukelt. Das war sie nicht gewohnt, und es wird ihr nicht gut bekommen sein. Hörst du? . . . Mehr ist es nicht. Wenn sie erst eine halbe Stunde Ruhe hat, wird es ihr auch wieder besser gehen.«
Wan blieb stumm. »Oh«, sagte er dann. Und einen Augenblick später setzte er hinzu: »Sie wird sterben . . .«
»Unsinn!« antwortete sie streng. »Ratten haben ein zähes Leben. Sie halten mehr aus als wir beide. So und dabei belassen wir es jetzt! Du kommst jetzt mit zum Bach.«
Er schüttelte jammervoll den Kopf, erhob sich dann aber. Sie faßte ihn an der Hand und zerrte ihn hinter sich her.
»Los jetzt!« befahl sie am Bach. »Hände, Gesicht und Füße. Seife haben wir nicht, dafür aber viel Wasser . . .«

Sie beobachtete ihn von der Seite während er sich wusch. Er tat es mit abwesender Gründlichkeit, einem stummen Gehorsam, der sie rührte. Eine Viertelstunde später trottete er mit der gleichen Bereitschaft hinter ihr zurück.
»Du sammelst jetzt etwas trockenes Holz«, befahl sie, noch ehe er sich setzen konnte. »Wir machen ein kleines Feuer. Du darfst es anzünden, wenn du willst.«
Wan gehorchte. Dann aber befaßte er sich wieder mit der Ratte im Korb. Während er den Reis und danach zwei halbreife Bananen hinunterwürgte, wandte er keinen Blick von dem Tier.
»Vielleicht gibst du ihr etwas Wasser. Ich könnte mir denken, daß sie nach diesem heißen Tag gleichfalls durstig ist«, schlug Lin schließlich vor. »Hunger wird sie möglicherweise auch haben.«
»Wasser? ...« Er schreckte aus seiner brütenden Umweltversunkenheit auf. »Richtig, ich werde ihr Wasser holen.« Sein Gesicht hellte sich auf, als breche die Sonne durch. »Sie ist durstig!« jubelte er. Er sprang auf die Füße, um in dem Napf, den er selbst benutzt hatte, das Wasser zu holen. Nach drei Schritten blieb er jedoch wieder stehen.
»Meinst du, daß sie vielleicht auch ein Bad nehmen möchte?«
»Ein Bad, meinst du das wirklich?« Lin starrte ihn einen Augenblick vollkommen überrascht und erstaunt an. »Ich weiß nicht, ob das nicht ein bißchen zu viel Wasser auf einmal ist«, sagte sie dann zweifelnd.
»Ratten schwimmen gern«, behauptete er. »Ich habe sie selbst bei uns zu Hause schwimmen sehen.«
»Das kann schon sein«, gab sie zu. »Das Tier stinkt ja auch mächtig. Von daher wäre ein Bad vielleicht nicht schlecht ... Aber ich denke, du solltest es für heute erst einmal beim Trinkwasser belassen.«
»Gut«, sagte er. »Dann kann sie eben morgen baden.«
Er nahm den Korb auf und trottete damit zum Bach.
Lin blickte ihm nach und war erstaunt, wie einsam sie sich

fühlte, nachdem er sie verlassen hatte. Noch mehr überraschte sie die Energie des Jungen. Nach einem stundenlangen Fußmarsch war ihm keine Spur von Erschöpfung anzumerken, ja, er wirkte nicht einmal müde. Vielleicht war es nicht einmal falsch gewesen, ihn mitzunehmen.
Um sie herum war es still. Das Land schwieg geheimnisvoll, und dieses Schweigen war so gebieterisch, daß Lins Atem stockte. Sie saß wartend da, aber plötzlich war die ungeheure Leere gebrochen, und sie vernahm die Geräusche der abendlichen Wildnis und das Rascheln des Grases. Dann schienen diese Laute wieder zu schwinden, oder ihr Ohr nahm sie nicht mehr auf. Einige Minuten lang lebte sie in diesem dauernden Wechsel zwischen Lärm und Stille.
Welch ein Leben! Lin empfand eine nagende Furcht, als sie an die nächsten Tage dachte und was ihnen alles widerfahren konnte. Ihre Nerven waren in diesen Minuten aufs äußerste gespannt. Etwas raschelte im Gebüsch. Sie duckte sich erschreckt. Dann wurde es wieder ruhig, aber nach wenigen Sekunden war das Geräusch wieder da. Es war ein hastiges Kratzen. Lin saß wie erstarrt und fühlte im ganzen Körper nichts anderes als das Klopfen ihrer Pulse. Sie vermochte jetzt eine ganze Skala von schleichenden und kratzenden Geräuschen zu unterscheiden, von brechenden Zweigen, von raschelnden Blättern, Laute, die sie zuvor nicht gehört hatte.
Sie sprang auf die Füße und ging zum Bach hinunter. Wan kauerte am Wasser, die Ratte vor sich.
»Komm jetzt!« rief sie. »Höchste Zeit, daß wir schlafen. Morgen früh mit dem ersten Licht müssen wir weiter.«
Wan hob den Kopf nicht. »Sie ist krank ... Sie wird sterben ...«, stammelte er. »Sie frißt nicht und will auch nicht spielen ...«
»O Buddha!« Sie lachte ihr kurzes, erzürntes Lachen und sagte einen Augenblick später: »Warum gibst du ihr nicht einmal eine Nacht Ruhe. Alles, was sie braucht, sind ein paar Stunden Schlaf, genau wie du und ich.«

Wie häßlich das Tier war! Das nasse schmutziggraue Fell, der spitze Kopf mit den großen dunkelglänzenden Knopfaugen, dazu der lange Schwanz. Es kostete sie Anstrengung, ruhig zu bleiben. Am liebsten hätte sie die Ratte mit einem Fußtritt in den Bach befördert.
»Sie will nicht einmal springen«, stöhnte er elend auf und sah Lin an, offene Verzweiflung im Gesicht. »Paß auf, ich zeig' dir's.« Er hielt den linken Unterarm vor das Tier, nur wenige Zentimeter ab, und schubste mit der Rechten. Das Tier machte nur eine winzige Bewegung und saß wieder still.
»Warum läßt du sie nicht in Ruhe?« fragte sie. »Sie will eben nicht. Das geht dir doch auch manchmal so, nicht wahr? Einmal bist du zum Spielen aufgelegt und dann wieder nicht.«
»Ich bin immer zum Spielen aufgelegt«, behauptete er trotzig und sah sie mit dunklen Augen an.
Sie spürte, wie sie die Geduld zu verlieren begann. »Also gut, dann bist du eben immer zum Spielen aufgelegt – und sie eben nicht ... Trotzdem wirst du jetzt Schluß machen und schlafen«, sagte sie entschlossen. »Du wirst sie jetzt in ihren Korb zurücksetzen und mitkommen.«
Wan rührte sich nicht. Er stöhnte matt und streichelte das Fell des Tieres, das bei der Berührung leise zitterte. Lin betrachtete ihn eine Weile mit einem gleichzeitig belustigten und nachdenklichen Gesicht. »Und nun«, erklärte sie vergnügt, »wirst du tun, was ich sage.«
Er stöhnte wieder und rührte sich nicht.
»Auf! Auf! Mein Lamm!« Ihr Ton war weiterhin freundlich, aber die Hand, die Wan nun am Kragen packte und hochriß, war keineswegs sanft. »Los, setze sie in den Korb zurück oder ich schwöre, daß ich sie mit dem Korb in den Bach werfe.«
»Bitte, Lin, tu's nicht« bettelte er. »Alles, nur das nicht. Sie ist doch krank. Ich geb' sie in den Korb ...« Er ließ sich wieder in die Hocke nieder, packte die Ratte im Genick und setzte sie zurück.

»Tut mir leid, mein kleiner Tiger«, sagte Lin in einem leichten, vergnügten Ton. »Jetzt gehst du schlafen. Zuvor wäschst du dir aber noch einmal gründlich die Hände. Wer weiß, was die Ratte für Krankheiten mit sich herumschleppt. Ist das klar?« Sie wartete, bis er das Tier in den Korb zurückgesetz hatte, und führte Wan dann an den Bach. Er stöhnte matt, während er sich gehorsam die Hände wusch. Seine Erscheinung war so mitleiderregend, daß sie tröstend auf ihn einsprach, während sie den rußigen Topf aus dem Beutel zog. Der Reis war aufgebraucht, aber sie hatte noch einen Fladen Brot. Das mußte reichen, wenn sie etwas Tee dazu kochte. Sie sah auf, was wohl ihr Gehilfe machte, aber Wan war schon wieder verschwunden.
»He!« rief sie. »Was ist los? Wo bleibt das Holz?«
Der spitze Strohhut geriet in Bewegung. »Ich hol' es schon.«
»Du bist aber wirklich zu nichts zu gebrauchen«, schimpfte sie. »Ich kann mir das Holz auch selbst besorgen.«
»Whu-u, whu-u!«
Mit wenigen Schritten hatte er genügend Reisig, dazu einige größere Aststücke, gesammelt und brachte sie heran. Minuten später flammte ein Feuer auf, das behaglich knisterte.
Sie riß den Brotfladen in zwei Teile, steckte jede Hälfte an einen Zweig und hielt sie über das Feuer. Als die Brotstücke geröstet waren, aßen sie. Der Topf in den Flammen sang und zischte, und schon kamen die siedenden Bläschen, wie an endlosen Schnüren aufgereiht, vom Boden heraufgeperlt.
»Kann ich noch einmal weg?« Wan rutschte unruhig hin und her.
»Was ist los?« fragte sie. »Hast du dir den Magen verdorben?«
»Nein, nein.«
»Dann bleibst du auch hier.«
Lin nippte an dem Tee. Er war nicht das, was ihre Mutter unter Tee verstanden hätte, zuwenig Tee in zuviel Wasser; aber immerhin war er heiß.

»Meinst du, daß sie morgen noch lebt?«
»Wer noch lebt?«
»Na, die Ratte.«
»Aber bestimmt.« tröstete sie. »Im Gegenteil, sie wird morgen sehr viel munterer sein . . . Besonders wenn du jetzt schläfst.«

Im Morgengrauen kochte Lin noch einmal Tee. Dann packte sie ihre wenigen Habseligkeiten zusammen. Die Sonne war noch nicht aufgegangen, und Lins Beine fühlten sich steif an. Sie war schon kurz nach Mitternacht zum erstenmal wach geworden und hatte keinen festen Schlaf mehr finden können. In den ausgekühlten Kleidern hatte sie jämmerlich gefroren und sich für den Rest der Nacht hin und her geworfen.
Überdeutlich waren dabei die Bilder der letzten Tage auf sie eingestürmt, und die Erinnerung hatte schwer wie Blei auf ihr gelegen. Zwei Tote in nicht einmal einer Woche! Immer wieder hatte sie den Fahrer vor sich gesehen. Den Ausdruck der Starre und steinernen Stille, der von seinem Gesicht ausgegangen war, würde sie wohl niemals wieder loswerden. Es hatte in ihr jene gleiche Lähmung ausgelöst wie die Minuten unmittelbar vor ihrer Flucht. Niemals hatte sie geglaubt, auch nur einen Schritt allein in den Dschungel machen zu können, noch dazu bei Nacht.
»Wie weit bist du?« Sie durfte nicht ständig ihren Erinnerungen nachhängen.
»Noch nicht fertig.« Wan kniete etwas abseits, stumm über den Korb gebeugt. »Es geht ihr besser«, meldete er. »Sie hebt schon wieder den Kopf und . . .«
»Genau das wünschte ich mir auch von dir«, rief sie. »Mach voran! Wir haben keine Zeit zu verlieren.«
Etwa zweihundert Meter entfernt hob sich ein Hügel aus dem Grasland. Sie nahm ihren Beutel auf und erkletterte den Hang. Zum ersten Mal seit sie den Dschungel verlassen hatten, sah sie das Land vor sich, das sie in den nächsten Stunden durchqueren wollte. An diesem frühen Morgen lag noch Ne-

bel auf der Ebene. Lin blickte nach Norden. Die Bewachsung wurde allmählich dichter. Einzelne Bäume tauchten auf. Doch es war in den treibenden Nebeln schwierig, Einzelheiten zu erkennen. Weiter im Osten färbte sich der Nebel lavendelblau, schien sich aufzulösen und im beginnenden Tag zu zergehen. Ganz schwach zeichnete sich bereits der Dschungel als dunkler Streifen ab. Über seiner Kammlinie hockten dünne dunkle Wolken, deren Umrisse sich im Dunst verloren.
»Lin! L-i-n! Wo bist du?«
»Hier«, rief sie. »Aber es wäre mir lieb, wenn du nicht so entsetzlich schreien würdest. Du bist ja über Stunden zu hören.«
»Wo denn, Lin?«
»Auf dem Hügel.«
Er kam ihr schnaufend entgegen, den Korb im abgewinkelten Arm.
»Und wohin gehen wir jetzt?« fragte er keuchend.
»Immer geradeaus.« Sie deutete nach Norden.
»Und warum gehen wir dorthin?«
»Warum, warum! Sollen wir denn hierbleiben? Gefällt es dir hier so gut?« fragte sie ausweichend. Wan antwortete nicht.
Zwei Minuten später brachen sie auf. Er hopste an ihrer Seite den Hang hinab. Offensichtlich machte ihm das Laufen überhaupt nichts aus. Er schien die Zähigkeit eines Hundes zu besitzen.
Das Schweigen dauerte nicht lange.
»Ich weiß, wohin wir gehen«, erklärte er nach einer Pause tiefster Verstummung.
Lin antwortete nicht.
»Wir gehen nach Thailand«, rief er triumphierend, als ob er gerade die Lösung eines schwierigen Rätsels gefunden hätte, das ihm lange im Kopf herumgegangen war.
»Wir gehen nach Thailand! – Nach Thailand! Ich weiß es!«
Er machte ein paar Tanzschritte.

»Wenn du alles so genau weißt, warum fragst du dann? Außerdem ist es nicht richtig.«
»Doch, doch, doch! Nach Thailand!« Er wandte sein grinsendes Gesicht wie zum Gebet himmelwärts und lachte wissend. »Ich weiß es.«
»Ob wir jemals über die Grenze nach Thailand kommen werden, weiß ich nicht«, sagte sie leise. »Thailand ist noch ziemlich weit von hier, besonders wenn man zu Fuß gehen muß ... Aber eines weiß ich bestimmt: wenn du das irgendwo erzählst, so daß es andere hören – gleichgültig, wer das auch ist, dann werden wir mit Sicherheit nicht hinkommen ... Dann werden wir nirgendwo mehr hinkommen – du nicht und ich erst recht nicht. Denn dann ist es vorbei mit uns beiden ...« Lin schwieg einen Augenblick und sah ihn an. »Verstehst du? ... Dann sperren sie mich ein und dich dazu. Oder du kommst in ein Kinderlager, und dort wird es dir kaum gefallen.«
Wan wollte sie unterbrechen; sie wies ihn schroff zurück und sagte: »Einen Augenblick! Laß mich erst ausreden! Ich möchte dir nämlich noch etwas sagen, und – bei Buddha! – bemüh dich dann, danach zu handeln. Was dir wie ein großes Abenteuer erscheint, ist es nicht. Das ist hier eine ganz ernste Sache, die durchaus mit dem Tod für uns beide enden kann ...«
Er sah sie begierig an und fragte: »Wenn wir ins Lager kommen, werden wir dann dort meine Mutter treffen?«
Sie warf ihm einen raschen Blick zu. »Woher soll ich das wissen?« sagte sie ruhig. »Daß wir deine Mutter in Thailand treffen, ist genauso unwahrscheinlich wie irgendwo sonst ... In diesen Monaten sind Zehntausende von Menschen unterwegs, wie du weißt, Alte, Junge und Kinder. Überall im Land. Da ist es ungeheuer schwierig, irgend jemanden zu treffen. Daran mußt du immer denken. – Und noch etwas!« Sie zögerte und sah ihn an. »Bitte, sprich nicht mehr von Thailand«, mahnte sie eindringlich. »Gebrauche das Wort über-

haupt nicht mehr! Hörst du? . . . Vergiß es! Vergiß den Namen des Landes! Ganz gleich, was auch geschieht! Nenne den Namen nicht mehr, sonst müßten wir beide es bitter bereuen.«
Statt einer Antwort blickte er sie dumpfverzweifelt an. »Meinst du, daß meine Mutter in einem Lager ist?« wiederholte er seine Frage noch einmal.
»Schon möglich«, wich Lin aus, »wahrscheinlicher sogar als irgendwo sonst.«
»Dann möchte ich auch ins Lager«, platzte er heraus.
Sie antwortete nicht. Wie lange brauchte ein Kind, um seine Mutter zu vergessen? Wahrscheinlich hing das vom Alter ab, sagte sie sich. Außerdem war Wan erst wenige Wochen von der Mutter getrennt; da war es nur selbstverständlich, daß die Mutter noch eine große Rolle in seinem Denken spielte. Woran erinnerte er sich? War es ihr Aussehen? Eine Geste oder der Klang ihrer Stimme? Vielleicht auch ihr Haar, die Hände oder der Ausdruck der Augen? . . . Oder nichts von alledem . . . Vielleicht war es auch nur irgendeine Zugehörigkeit, unbestimmt wie ein Traum, und nichts als ein Schatten von Erinnerung im Herzen.
Sie näherten sich dem Waldrand am frühen Nachmittag, und Lin prüfte, hinter einem Stechginstergestrüpp versteckt, die neue Umgebung. Auch die Atmosphäre war anders geworden, die Luft feuchter und schwerer, von Blütendüften und Fäulnisgerüchen durchsetzt. In einer Entfernung von drei Kilometern sah sie ein Dorf, das zwischen Kokospalmen, Mangos und Brotbäumen versteckt, an einer Straße lag. Ein paar Bauern arbeiteten mit nackten Oberkörpern auf den Feldern. Eine Gruppe von Frauen in spitzen Strohhüten und schwarzen Hosenanzügen brach mit Arbeitsgeräten zu weiter entfernteren Pflanzungen auf. Kinder liefen schreiend hinter ihnen her. Es waren keine Soldaten zu sehen. Aber das wollte nichts heißen. Sie konnten sich in den Hütten aufhalten oder auch am Waldrand, wußte Lin.
Es war ein schönes Land. Je weiter es sich dem Urwald

näherte, um so üppiger wurde die Vegetation. Wenige hundert Meter vor Lin wich das harte, messerscharfe Steppengras immer dichter aneinanderrückenden Gruppen von Tintenholz- und Mahagonibäumen, die über ein wirres Unterholz von Palmfarnen, Zwergbananenbäumen und Brechnußsträuchern mit ihren schmalen, gleichsam ziselierten Blättern hinausragten. Die Hitze war hier beinahe greifbar. Die flirrende Luft ließ alle Formen verschwimmen, mechanisch rieb Lin sich die brennenden Lider.

»Gehen wir weiter?« fragte Wan.

Lin nickte, kroch zurück und wandte sich nach Osten. Es war sicherer, das Dorf zu umgehen.

Sie kamen nur langsam voran, duckten sich ins hohe Gras und hielten sich im Schutz der Gestrüppinseln, bis sie den Urwald erreichten. Etwa eine Stunde lang bewegten sie sich parallel zur Straße, und etwas von ihrer Vorsicht war auf den Jungen übergegangen. Er achtete sogar darauf, wohin er die Füße setzte, und hob jedesmal die Beine, wie er es bei ihr sah, trat dann fest auf und vermied jedes überflüssige Geräusch.

Kurz vor dem Einbruch der Dunkelheit machten sie auf einer Lichtung halt. Das rötliche Laub der Mangobäume leuchtete im unsichtbaren Sonnenuntergang. Betel-Lianen hingen feucht an den dünnen Baumstämmen der Arekapalmen. Rudel schreiender Gibbons, die sie schon seit einer halben Stunde begleitet hatten und offenbar froh über die Abwechslung waren, turnten jetzt über ihnen im Geäst und schaukelten, an Lianen hängend, übermütig wie ungezogene Kinder. Dann tauchte auch eine Familie von Blauaffen mit schimmernd schwarzen Fellen auf. Während sie sich mit wilden Bananen vollstopften, schwangen sie sich von Ast zu Ast, rollten sich mit vergnügtem Geschrei auf dem Waldboden und balgten sich, als würden sie dafür bezahlt.

Wan lachte begeistert. Am liebsten hätte er sich an den Spielen der Tiere beteiligt. Seine Augen leuchteten.

»Warum tun sie das, Lin?« fragte er.

»Sie freuen sich und zeigen, was sie können«, sagte sie. »Nichts als Übermut.«
»Ich möchte auch so einen Affen.«
»Lieber nicht. In Gefangenschaft würden sie sterben müssen. Außerdem haben sie scharfe Zähne. Du hättest wenig Freude an ihnen.«
Am nächsten Morgen setzten sie mit Sonnenaufgang den Marsch fort. Die Insekten und Nachttiere waren verstummt, die anderen schwiegen noch. Lin kannte diese plötzlichen, irgendwie unerklärlichen Augenblicke der Stille vom Lager her. Sie hatten sie schon dort beunruhigt. Es war, als stehe die Welt für Minuten still, als halte die gesamte Natur den Atem an. Doch es dauerte nicht lange an. Schon wenige hundert Schritte weiter war alles wie immer. Die Affen lärmten in den Bäumen, kreischende Vogelschreie mischten sich in das Zirpen der Grillen. Ehe sie sich bis zur Straße einen Pfad durch das Dickicht brachen, beobachtete Lin vorsichtig die Fahrbahn aus einem Gehölz heraus. Sie schob die Zweige auseinander und bog die Ranken zurück, die sie mit Tau übersprühten und auf den Fingern eine klebrige Flüssigkeit hinterließen. Doch es war nichts zu sehen. Die Straße selbst, die sich in Windungen durch den Wald zog, war zu einem Pfad geschrumpft, über dem die Bäume zusammengewachsen waren.
Erst am Spätnachmittag erreichten sie ein Dorf. Es war wie die meisten Urwaldsiedlungen um einen Ziehbrunnen errichtet. Mangopflanzungen und von niedrigen Bambuspalisaden eingeschlossene Gärten trennten die grasgedeckten Hütten voneinander. Es war still. Einige unglaublich dürre Hühner liefen umher. Ein alter Mann, nur in einen Sarong gewickelt, mit nacktem Oberkörper, trug einen Kessel mit dampfendem Reis von einer Hütte zur anderen. Am Fuße der Leitern warteten mehrere alte Frauen und sahen zu, wie der Greis die Portionen verteilte. Er tat es ruhig, ohne Hast, mit soviel Sorgfalt, wie er aufzubringen vermochte. Lin stand zwischen

den mächtigen Wurzeln eines Bananenbaumes, in dessen Laubdach ein ganzes Volk von Vögeln zwitschernd umherjagte. Die Wurzeln reichten ihr bis zu den Hüften. Trotzdem war sie sicher, daß der Greis sie längst bemerkt hatte. Auch die alten Frauen zeigten nur geringes Interesse.
Sie trat zögernd näher. Irgend etwas störte sie an dem Dorf. Es war im Grunde nur die Andeutung einer Siedlung, und sie hätte nicht sagen können, ob sie gerade erst gegründet worden war oder sich schon wieder im Zerfall befand. Dann merkte sie, daß alle jüngeren Bewohner fehlten. Es gab keine Männer und keine Frauen unter vierzig, selbst ältere Kinder fehlten.
»Können wir für ein paar Stunden hier schlafen, Ehrwürdiger?« fragte sie.
Der Greis sah sie an. Mit seinen weißen Haaren und dem schütteren Bart sah er ein wenig wie Ho Chi Minh aus, ein zarter, fast zerbrechlich wirkender Mann.
»Es ist Platz genug hier«, sagte er. »Die meisten Hütten sind leer, da die Bewohner nicht mehr hier wohnen.«
»Sind Soldaten hier? Khmer oder Viets?« wollte Lin wissen.
»Nein«, sagte er. »Aber sie kommen oft ins Dorf . . . sehr oft. Sie kontrollieren die Bewohner, sie suchen Arbeitskräfte oder auch Lebensmittel.«
Lin nickte. Das war hier nicht anders als überall.
»Wann waren sie das letzte Mal hier?«
»Vor vier oder fünf Tagen. Manchmal kommen sie mit ganzen Dorfgemeinschaften hier vorbei, die sie umsiedeln – irgendwo in der Gegend um Battambang oder bei Sala Krav.«
»Können wir bis zum nächsten Morgen hier bleiben?«
Der Greis blickte auf Wan, der den Korb mit der Ratte neben sich gestellt hatte. »Ist das dein Kind oder dein Bruder?«
Lin schüttelte den Kopf. »Seine Eltern sind verschleppt worden. Ich habe ihn erst vor einigen Tagen getroffen. Er hatte sich versteckt und war ganz allein.«
Jetzt lächelte der Greis. »Damit erfüllst du die Gebote des

Erleuchteten. Du sammelst Verdienst . . . Ihr könnt in meinem Hause wohnen.«
Lin nahm Wan an der Hand, und sie folgten dem Greis. An einem Baum hing ein Mensch, das Gesicht nach unten. Er mußte seit langem tot sein, durch mehrere Schüsse getötet. Eine Frau lag dabei. Auch sie war tot.
Der Greis sah, wie Lin erschrak. »Wir dürfen sie nicht begraben. Sie müssen zur Abschreckung hier liegenbleiben.«
»Was haben sie getan?«
»Sie hatten einen Sack Reis vor den Khmer versteckt.«
Er deutete auf eine Hütte in der Nähe. Sie war auf vier Pfosten errichtet und mit Gras gedeckt. Die Leiter, die zu einer schwankenden Veranda hinaufführte, war schadhaft. Mehrere Sprossen fehlten. Dicht dabei befand sich ein kleiner Gemüsegarten, von hüfthohen Bambusstangen eingefaßt. Einige Reihen Salat waren dort angepflanzt, ein paar Pfefferschoten und die üblichen Gewürzkräuter.
Sie bogen in einen morastigen Seitenpfad ein, über den sich lange Wurzeln hinzogen. Lin mußte die Zweige beiseiteschieben, die ihre Last Regenwasser über sie versprühten und ihre Bluse durchnäßten. Sie kletterten die ächzende Leiter hinauf, die zur Veranda führte, und traten in den einzigen Raum der Hütte.
Eine alte Frau kauerte dort und flocht aus weißen biegsamen Bambusriemen Tragekörbe. Wie viele alte Frauen außerhalb der Städte trug sie den Oberkörper nackt. Sie hob weder den Kopf noch erwiderte sie Lins Gruß. Stumm, mit abwesendem Gesicht arbeitete sie weiter. Ihre knotigen Hände waren unglaublich geschickt.
»Sie spricht nicht«, sagte der alte Mann. »Niemals mehr, seit sie allein ist.«
»Wuh-u-uh-«, machte Wan und reckte den Kopf gespannt der alten Frau entgegen. »Warum sagt sie denn nichts mehr?«
»Aber Wan! Psst!« flüsterte Lin.

»Ihre Gedanken sind weit weg«, sagte der alte Mann. »In einer anderen Zeit. Ihre Familie ist im Kriege umgekommen. Niemand lebt mehr. Sie wurden alle getötet.«
Die alte Frau hob den Kopf nicht. Ihr Gesicht zeigte keine Regung. Nur ihre Hände flogen hin und her. Sie arbeitete ohne Pause. Nichts vermochte sie zu beirren. Ein halbes Dutzend fertiger Geflechte war im Hintergrund aufgestapelt.
»Wir fertigen die Körbe für die Khmer«, erklärte der alte Mann. »Sie verwenden sie zum Transport von Lebensmitteln. Sie kommen jede Woche und holen sie ab. Auch die Frauen in den anderen Hütten flechten solche Körbe. Da wir uns auf diese Weise nützlich machen, können wir in dem Dorf wohnen bleiben. Ich selbst fertige die Riemen.«
Der Alte kauerte sich nieder und schnitt mit einem Messer ein großes Bambusrohr der Länge nach durch und trennte die beiden Hälften durch ein langsames Auseinanderziehen. Das Holz riß mit einem lauten Krachen. Die eine Hälfte legte er zur Seite, die andere spaltete er erneut.
»Wohin gehen die Leute, die hier durch das Dorf kommen?« fragte Lin.
»Wir wissen es nicht sicher. Die Khmer sagen, sie führen die Menschen in ein neues Leben. Sie sagen, es entstehe eine neue Gesellschaft im Norden. Sie wollen dort den Dschungel abbrennen, die Sümpfe trockenlegen, Felder roden und Städte bauen.«
Lin nickte.
»Es wird dir schwer werden, dich ihnen anzuschließen. Sie marschieren sehr rasch«, murmelte der Greis nach einer Weile, ohne den Kopf zu heben. »Du hast einen Knaben bei dir, aber sie nehmen keinerlei Rücksicht, weder auf Alte noch auf Kinder oder Kranke. Sie erschießen jeden, der zurückbleibt ... Aber jetzt wirst du müde sein. Du kannst dort auf dem Bananenblattlager mit dem Knaben schlafen.«
»Aber es ist eure Schlafstätte«, wandte Lin ein. »Wir können auch auf dem Boden liegen.«

Der alte Mann schüttelte den Kopf. »Wir finden leicht einen anderen Ort. Ihr hier«, er deutete mit dem Kopf auf die alte Frau, »ihr ist es gleich, wo sie schläft ... und mir ebenfalls. Neben dem Eingang steht Wasser. Du kannst es zum Trinken und auch zum Waschen verwenden. Die Frau wird euch auch etwas kochen.«

Lin zerrte die Eßschale aus dem Beutel und schöpfte Wasser aus dem hohen Tonkrug. Im nächsten Augenblick starrte sie betroffen in die Schale.

»Ist etwas?« fragte der Greis freundlich.

Lin wies auf das Wasser, in dem es von kleinen schwarzen Lebewesen wimmelte. »Was sind das für Tiere?«

Der Greis lächelte. »Sie sind völlig harmlos. Es sind Moskitolarven. Sie tun dir nichts. Du kannst unbesorgt trinken. Du wirst nicht krank werden davon.«

»Da bin ich aber gar nicht sicher.«

Die kleinen Tiere krümmten und entspannten sich in unaufhörlichen Bewegungen. Lin fischte eine Larve aus der Schale und legte sie auf die flache Hand. Sie war nur wenige Millimeter lang. Ihre Zuckungen verebbten jetzt allmählich und erstarben schließlich völlig. Lin blickte angewidert auf das Tier, schüttelte es weg und rieb die Hand an ihrer Hose ab.

»Und du bist sicher, daß das Trinkwasser ist?« fragte sie zögernd.

»Ganz gewiß«, versicherte der alte Mann völlig überzeugt. »Es ist das gleiche Wasser, wie es in allen Hütten getrunken wird. Wenn du es möchtest, kann dir die alte Frau die Larven aus der Trinkschale fischen.«

»Nein, nein! Das mache ich schon selbst.«

Lin setzte sich ans Feuer, das auf einer Ansammlung von Steinen brannte und entfernte die Moskitolarven mit einem Bambussplitter aus der Schale. Der Mann flüsterte auf die Frau ein, die mit unbewegtem Gesicht zuhörte. Dann verließ sie die Hütte und kam mit einem Bündel feucht glänzender grüner Stengel zurück, die sie in einen Topf schnitt. Nach einer halben Stunde füllte sie Lins Schale mit den gekochten Stielen. Sie schmeckten ein wenig nach Porree, besaßen allerdings einen scharfen Beigeschmack, der auf der Zunge brannte, als sei das Ganze mit grünem Pfeffer gewürzt. Immerhin schmeckte es nicht unangenehm. Als Wan die Schale zu einem Nachschlag der Frau reichen wollte, lehnte die alte Frau wortlos ab. Sie nahm den Topf vom Feuer und trug ihn aus der Hütte, um ihn irgendwo in der Nähe zu verstecken.

Der Greis lächelte verlegen. »Wir haben nur wenige Lebensmittel hier«, sagte er entschuldigend. »Die Soldaten nehmen uns alles weg, was sie finden können. Sie sind sehr streng. Auch die Hühner und Schweine, die du draußen siehst, gehören in Wirklichkeit nicht uns. Wir füttern und betreuen sie nur. Nicht einmal die Eier, die die Hühner legen, dürfen wir behalten ... Wie du vielleicht bemerkt hast, gibt es keine jungen Männer mehr hier. Deshalb wird auch kaum noch etwas angebaut. Das Gemüse war das Ergebnis eines ganzen Sammlertages ...«

Er schien so betrübt, daß Lin ein Lächeln für ihn zuwege brachte. Sie kam sich gierig und unverschämt vor, obwohl sie sich noch genauso hungrig wie vor der Mahlzeit fühlte.

Der alte Mann zögerte. »Warum versuchst du nicht ein wenig zu schlafen«, sagte er. »Es wird dir guttun, dir und dem Knaben. Wenn die Umsiedler in dieser Nacht kommen sollten, werde ich dich wecken. Du kannst dann immer noch entscheiden, ob du dich ihnen anschließen willst.«

»Werden sie von Soldaten begleitet?«

»Oft kommen sie allein. Ein andermal wieder sind viele Soldaten dabei.«

Lin nickte. »Ich danke dir, Ehrwürdiger. Du bist sehr freundlich zu uns.«

Der alte Mann verbeugte sich, dann schlurfte er davon. Die Frau folgte ihm wortlos, ohne zu fragen und ohne den Blick zu heben.

Lin hätte sich gern gewaschen, aber sie fühlte sich zu müde.

Behutsam schob sie Wan gegen die Hüttenwand und legte sich neben ihm nieder. Schon nach wenigen Minuten schlief sie ein.

3.

Lin erschrak und fuhr aus dem Schlaf hoch, als sie eine Hand an ihrer Schulter spürte. Der Greis beugte sich über sie.
»Sie kommen«, flüsterte er. »Ich dachte, es sei gut, wenn du es weißt.«
Lin setzte sich auf und rieb sich das Gesicht.
»Richtig, das hatte ich völlig vergessen«, murmelte sie. »Sind sie noch weit?«
»Die ersten sind schon hier. Aber es wird noch eine Stunde dauern, bis auch die Nachzügler eintreffen. Was wirst du tun?«
Lin zögerte. »Ich weiß es nicht ... Ich weiß es selbst noch nicht. Sind Soldaten dabei?«
»Ja, etwa sechs und ein Offizier der Roten Khmer. Alle Dorfbewohner sind aufgerufen, sich am Brunnen zu versammeln. Wenn du ihnen nicht begegnen willst, solltest du dich in dem Bananengehölz verstecken.« Der alte Mann sprach ruhig, ohne erkennbare Furcht oder Eile.
Lin spürte ihr Herz schlagen. »Du hast keine Angst vor ihnen?«
»Nicht mehr ... Ich habe einiges von der alten Frau gelernt. Ihr ist es auch gleich, was geschieht«, sagte er leise, fast tonlos, mit der Andeutung eines Lächeln. »Das ist aber sicher keine Einstellung für dich.«
Lin versuchte Wan zu wecken. Aber der Junge schlief den Schlaf eines Toten. Schließlich packte sie ihn unter den Armen, riß ihn hoch und stellte ihn gewaltsam auf die Füße.
»Nein, nein, nein! ... Ich will nicht ...« Wan begann zu

greinen und wollte sich wieder hinlegen. Als Lin ihn festhielt, schlug er mit den Fäusten auf sie ein. »Nein, nein! . . . Ich will schlafen . . .«, jammerte er.
»Sei nicht albern!« sagte Lin ärgerlich. »Glaubst du, mir macht es Spaß? Wir müssen hier weg! Oder willst du, daß alles umsonst war?«
»Ich will nicht! Ich will nicht! Laß mich –«
Da schlug sie ihm ins Gesicht. Es war ganz mechanisch geschehen, mehr aus Sorge und Verzweiflung als aus Ärger über seinen Widerstand. Es tat ihr auch sofort leid. Und Wan brüllte los; er brüllte, als reichten seine Lungen bis zu den Knien. Er schrie und schnaufte. Ein Sturzbach von Tränen ergoß sich über seine Wangen; er stampfte wütend mit den Füßen. Lin versuchte, ihm den Mund zuzuhalten, und spürte gleich darauf einen heftigen Schmerz. Wan hatte ihr in die Hand gebissen.
Sie ließ sofort ab. »Gut«, sagte sie gepreßt. »Gut. Du kannst dich wieder hinlegen und weiterschlafen . . . Ich gehe allein.«
Sie nahm ihr Bündel auf, trat auf die Veranda und kletterte die Leiter hinab, ohne sich noch einmal umzudrehen. Es war Nacht, zwei Stunden vor Mitternacht. Der Dorfplatz lag leer und grau unter dem verhangenen Himmel. Es nieselte. Wie riesige schwarze Wände umschloß der Wald mit seinen Dickichten die Siedlung.
Nach vier Schritten hörte sie die Stimme des Jungen.
»Halt! So warte doch, Lin! Lin . . .«
»Was ist?« fragte sie über die Schulter. »Warum schläfst du nicht?«
»So warte doch, Lin! Ich komme ja . . .«, flehte die Stimme.
Lin blieb stehen und sah zu, wie er unbeholfen die Leiter hinabkletterte. Die vorletzte Sprosse verfehlte er; er rutschte ab und stürzte in den Schlamm. Lin half ihm nicht auf. Sie wartete, bis er weinend herankam und seine schmutzige Hand in die ihre schob.
Der alte Mann deutete auf das Bananengehölz, dessen breite

Blätter grau aus der Dunkelheit schimmerten. »Dort kannst du abwarten, was geschieht. Sie werden dich dort nicht finden.«

»Komm! Wir suchen uns ein Versteck«, rief Wan.

Plötzlich war er vergnügt. Die Aussicht auf ein Versteckspiel ließ ihn alles sonst vergessen. Lin wählte einen Ort, der es ihr ermöglichte, notfalls rasch zu fliehen und doch das Geschehen um den Ziehbrunnen zu beobachten.

»Ganz still liegenbleiben«, warnte sie, »und nicht sprechen, hörst du?«

Lin zählte acht Soldaten. Einige trugen Tarnanzüge und Hüte, andere waren in schwarze Hosen und Hemden gekleidet. Alle besaßen Schnellfeuergewehre. Auch die Umsiedler trafen jetzt ein. Sie schätzte ihre Zahl auf etwa zwanzig, meist alte Leute. Die jüngeren Frauen hatten Kinder an der Hand und Kleinkinder auf dem Rücken. Die Alten ließen sich sofort zu Boden sinken. Einige Kinder weinten.

Jetzt kamen auch die Bewohner der Siedlung heran. Einige trugen Körbe mit Lebensmitteln, Früchte, Gemüse, dazu einen Korb Eier und ein Bündel zappelnder Hühner. Der Offizier sprach die Bewohner an. Er redete heftig und schlug, um seinen Worten Nachdruck zu geben, mit der Faust in die offene Hand.

»Was sagt er?« fragte Wan.

»Er ist unzufrieden«, flüsterte Lin.

»Ist er böse?«

»Ja, er meint, die Bewohner liefern zu wenig ab. Er will mehr Reis und Fleisch ... Er sagt, seine Soldaten müßten essen. Sie brauchten Kleidung und Waffen ... Sie brauchten alles, sagt er. Wer Lebensmittel zurückhalte, werde erschossen.«

Die Roten Khmer hatten Fackeln entzündet. Der Flammenschein beleuchtete die müden, abgezehrten Gesichter der Umsiedler. Die Dorfbewohner standen etwas abseits. Stumm und geduldig warteten sie wie Angeklagte auf das Urteil. Jetzt sah Lin auch den alten Mann, der sie bei sich aufgenommen hatte.

Auch die Frau, die mit dem Alten die Hütte teilte, konnte Lin nun erkennen. Gleichgültig blickte sie ins Leere. Sie schien die Einzige zu sein, die sich für nichts und niemanden interessierte.
Mehrere Soldaten begannen jetzt die Hütten zu durchsuchen. Einer kehrte mit einem halben Sack Reis zurück, den er unter einer der Pfahlwohnungen entdeckt hatte. Er stellte ihn neben dem Anführer ab. Der Offizier brüllte einen Befehl, und aus der Gruppe der Dorfbewohner trat ein hagerer Mann vor. Auf ein Handzeichen kniete er neben dem Ziehbrunnen nieder. Für einen Augenblick sah Lin sein abgezehrtes Profil und den schütteren Bart.
Ein Soldat band ihm die Hände auf den Rücken.
Der Offizier fuhr in seiner heftigen Ansprache fort. Manchmal wies er mit der Hand auf den Gefesselten, dann drehte er sich halb um, zeigte mit einer weit ausholenden Geste auf die Hütten ringsum und senkte dabei in einem beschwörenden Appell die Stimme, um sofort darauf in wilder Erbitterung loszubrüllen.
Wan flüsterte neugierig: »Was sagt er? Ich kann ich ihn nicht verstehen. Er spricht so komisch.«
»Er ist ein Mann aus dem Norden. Er sagt, wenn die Dorfbewohner nicht den Soldaten helfen, können die Soldaten nicht gegen die Feinde aus Vietnam siegen. Dann kämen die fremden Angreifer und machten alles kaputt. Dann müßten alle sterben, sagt er.«
Der Offizier verstummte. Er schritt auf den alten Mann zu, der reglos zwischen zwei Wächtern kniete. Jetzt kam auch einer der Fackelträger heran, und Lin konnte für Sekunden das Gesicht des Gefangenen deutlich sehen. Doch das Gesicht drückte keine Gemütsbewegung aus, weder Angst noch Trotz oder Mut, nur eine dumpfe Ergebenheit, die wie Gleichgültigkeit wirkte.
Als der Offizier die Hand ausstreckte, trat einer der Soldaten vor und reichte ihm sein Schnellfeuergewehr. Die Menge

rührte sich nicht. Außer einigen Kindern, die sich nach vorn gedrängt hatten, schien sich niemand für das Kommende zu interessieren. Offensichtlich hatten alle schon derartige Szenen erlebt.
Der Offizier schoß aus der Hüfte Einzelfeuer. Beim ersten Schuß wimmerte der Mann auf, dann sackte er zusammen, fiel mit dem Gesicht auf die Erde und kippte nach der Seite um. Der Offizier schoß noch zweimal. Dann drehte einer der Soldaten den Mann mit dem Fuß um, starrte ihm ins Gesicht und kehrte an seinen Platz zurück, nachdem er seine Waffe vom Offizier zurückerhalten hatte.
Wan murmelte zufrieden: »Jetzt ist er tot.«
Er richtete sich auf und lächelte Lin an. Dies war der Augenblick, da Lins Empörung erwachte – nicht einmal so sehr, weil ein Bauer hingerichtet worden war als des Kindes wegen, das den Mann hatte sterben sehen. Das jähe Entsetzen kam für sie selbst überraschend. Seit Tagen hatte sie nichts sehen wollen als das eigene Mißgeschick. Was nicht mit ihrer persönlichen Sicherheit zusammenhing, war ihr gleichgültig geworden. Jetzt begann sie auch zum erstenmal die anderen zu beobachten. Das Ergebnis war erschreckend. Weder die Dorfbewohner noch die Soldaten zeigten die geringste Bewegung. Die einen nahmen den Tod des alten Mannes so gleichgültig hin wie die anderen. Lin fühlte ihre Schläfen vor Erregung hämmern. Es erschien ihr noch immer unglaubhaft, daß Menschen sich so verhalten konnten.
Der Offizier stand hochaufgerichtet neben der Leiche und sprach wieder auf die Menge ein. Der Wind mußte sich gedreht haben. Sie verstand jetzt jedes Wort.
»Was sagt er?« fragte Wan und reckte den Kopf neugierig empor. »Wird er noch andere erschießen?«
»Nein. Er sagt, so wie diesem Mann wird es allen Verrätern und Saboteuren ergehen, wenn sie Lebensmittel verstecken. Wer sich den Befehlen der Volksregierung widersetzt, verdient das Leben nicht.«

Die Dorfbewohner gaben bei jedem Satz schüchterne Zeichen der Zustimmung. Die Kinder, die vor ihnen am Boden hockten, klatschten Beifall. Die Umsiedler, die etwas abseits standen, rührten sich nicht.
Der Offizier wandte sich jetzt den Umsiedlern zu, erteilte ihnen einige Befehle und marschierte dann mit den Soldaten ab. Der Tote durfte nicht weggebracht werden. Er hatte zur Abschreckung neben dem Ziehbrunnen liegenzublieben.

4.

Gegen Morgen schreckte Lin aus dem unruhigen Halbschlaf auf, als eine Gruppe Umsiedler über die Veranda in die Hütte trat.
»Hast du noch etwas Platz für ein paar Stunden?« fragte eine Frau, die einen selbstgenähten Rucksack auf dem Rücken trug und ein Mädchen an der Hand hatte. Dicht hinter der Frau trat ein altes Ehepaar über die Schwelle.
Lin setzte sich auf und nickte. »Gern, wenn ihr mit dem zufrieden seid, was ihr hier seht. Es gehört mir selbst nicht.«
Die Frau lächelte flüchtig, schnallte den Rucksack ab und setzte ihn auf den Boden.
»O Buddha, bin ich kaputt.«
Sie schickte das Mädchen in die Ecke zu Wan und winkte den alten Leuten, die zögernd näher kamen. »Setzt euch und ruht euch aus. Vielleicht könnt ihr sogar etwas schlafen«, sagte sie rasch. Irgendwie schien sie die Sorge für die beiden Alten übernommen zu haben.
»Kann man hier etwas Tee machen?« fragte sie.
»Dort ist Wasser.« Lin wies neben den Eingang. »Ein Topf muß auch in der Nähe sein.«
»Danke schön. Einen Topf haben wir selbst.« Sie stutzte, als sie das Wasser sah. »O jeh!« rief sie. »Das eignet sich ja eher

für eine Suppe. Na, wir werden es schon hinkriegen. Seihen wir's durch.«
Sie zog einen Lappen aus dem Rucksack und warf dann Reisig auf die glimmende Asche. Sie arbeitete rasch, geschickt und ohne überflüssigen Aufwand. Nicht einmal eine Viertelstunde später saßen alle um das Feuer und schlürften geräuschvoll den heißen Tee. Nur das Mädchen schlief.
»Wohin wollt ihr?« fragte Lin über den Rand ihrer Schale hinweg. Die Frau hatte ihr wie selbstverständlich von ihrem Tee eingeschenkt.
»Wollt? . . .« rief die Fremde eifrig, in einem erregten, etwas gereizten Ton. »Ich kann mich nicht erinnern, daß in den letzten Monaten irgend etwas so gegangen wäre, wie ich es gewollt hätte. Vielleicht ist das bei anderen noch so. Bei mir nicht! . . .«
Ihre Augen blitzten. Sie hatte ein dunkles, besorgtes Gesicht, war aber keineswegs häßlich. Auf den ersten Blick wirkte sie wie Anfang vierzig, aber dann sah Lin, daß sie leicht auch acht oder zehn Jahre jünger sein konnte.
»Wir gehen nach Kampong Kul«, erklärte sie dann ruhiger. »Zumindest wurde uns das gesagt, als wir aufbrachen. Aber so etwas ändert sich heutzutage rasch. Wir sollen dort eine Siedlung errichten und Zuckerrohrfelder anlegen . . . Klingt nicht sehr verlockend, muß ich sagen. – Und du?«
Lin lächelte. »Nicht ganz so weit, hoffe ich.«
Sie warf Lin einen dunklen, abschätzenden Blick zu, schwieg aber.
»Wohin will sie?« mischte sich der alte Mann in das Gespräch. Er drehte unbeholfen den heißen Blechbecher, der aus einer abgeschnittenen Konservendose gefertigt war, in seinen knotigen Fingern.
»Sie will nicht ganz so weit, sagt sie«, erklärte die Frau.
»Wie? . . . Ich verstehe nicht.«
»O Erhabener!« stöhnte die Frau in komischer Verzweiflung und schüttelte den Kopf. »Mein Vater«, erklärte sie zu Lin

gewandt. »Die beiden sind meine Eltern. – Mein Vater ist schwerhörig, aber so neugierig, daß es für zwei reichen könnte.«
»Ich verstehe nicht«, sagte der alte Mann.
Er hatte einen sprossenden Schnurrbart und das wetterfeste Gesicht eines Bauern, der ein Leben lang unter der heißen Sonne Südostasiens gearbeitet hat. Seine Hände waren breit und schwer; er hatte sie wie Klammern um den Becher gelegt. Das Gesicht seiner Frau war glatt und braun; sie hatte ein feines Netz von Fältchen um die Augen.
»Sie geht nicht weit«, rief die Tochter in gespielter Empörung. »Sie bleibt in der Nähe, verstehst du jetzt?«
»Ah-h!« rief mit plötzlich erleuchteter Miene der alte Mann. »Sie geht nicht weit . . . Sie bleibt in der Nähe. – Aber warum sagst du das nicht gleich?« wandte er sich in plötzlicher Entrüstung an die Tochter. »Das hättest du mir doch auch sagen können.«
Die junge Frau grinste matt und schüttelte gepeinigt den Kopf. »So geht das ständig! Er fragt und fragt und fragt . . . Das macht mich mehr fertig als der Marsch. Er ist einfach unersättlich . . .«
Der alte Mann tippte seine Frau an. »Sie geht nicht weit, die Fremde«, erklärte er ihr und deutete auf Lin.
Die alte Frau nickte heftig. »Ah-h!« rief sie aus. Aber dann schwiegen die beiden still und blickten Lin von der Seite her an und nippten geräuschvoll an ihrem Tee.
»Wo kommst du her?« fragte der Alte schließlich und starrte Lin aus kleinen erkältungswässerigen Augen mit gespannter Aufmerksamkeit an.
»Von der Küste . . . Ich bin schon eine ganze Weile unterwegs.«
»Wie war das? Ich verstehe nicht.«
Lin lächelte. Sie war froh, die Leute getroffen zu haben, die sie von dem grausigen Geschehen draußen ablenkten. Irgendwie ging das Leben weiter. Die Ängste, Sorgen und Befürch-

tungen dieser Menschen unterschieden sich nicht von den ihren.
»Ich sagte – von der Küste. Ich komme von der Küste.«
»Ich habe nicht verstanden.«
»Sie kommt nicht aus unserer Gegend«, rief die junge Frau in dem erregten, etwas gereizten Ton, den sie offensichtlich dem Vater gegenüber anschlug und in dem bei aller Schroffheit doch immer auch etwas von ihrer geduldigen Zuneigung dem alten Mann gegenüber spürbar blieb.
»Sie kommt von der Küste.«
»Ah-h!«
Dann wandten die beiden Alten ihre Augen auf Lin und betrachteten sie mit einer steten, mißtrauisch wachsamen Neugier.
»Und was arbeitest du?«
»Ich wollte einmal Lehrerin werden.«
Diesmal hatte er verstanden. »Ah-h! Lehrerin! ...« Er wandte sich an seine Frau. »Sie ist Lehrerin. Sie hat studiert ...«
»Ah-h!«
»Ich hatte erst gerade angefangen. Ich wollte erst ...«
»Laß nur«, sagte die junge Frau. »Lehrerin genügt. Das andere wäre zu schwierig zu erklären. Für ihn bist du jetzt eine studierte Frau und damit etwas Besseres ... egal, was du auch tust. Laß es ruhig dabei. Dir schadet's nicht und für ihn ist es einfacher«, meinte sie mit einem schnellen Lächeln. »Möchtest du noch einen Schluck Tee?«
Als Lin den Kopf schüttelte, verteilte sie den Rest an ihre Eltern.
»Wirst du uns morgen begleiten?« fragte sie dann.
Lin zögerte.
»Ich weiß es noch nicht.«
»Du willst doch gleichfalls nach Norden, nehme ich an.« Sie streifte Lin mit einem raschen, forschenden Blick. »Du könntest es leicht tun. Niemand kontrolliert uns unterwegs – jeden-

falls war es bisher so . . . Sie kümmern sich nicht um uns, solange wir uns auf den Beinen halten.«

»Du meinst, ich könnte trotzdem jederzeit –«

»Aber klar«, sagte die Frau. »Wenn du nach der Seite ausbrichst, ist alles in Ordnung. Nur zurückbleiben darfst du nicht. Dort wartet die Kugel auf dich . . . Sie folgen uns im Abstand einer Stunde und machen dann reinen Tisch. Bei günstigem Wind hörst du manchmal die Schüsse . . .«

»Gut«, sagte Lin. »Ich glaube, ich komme mit – zumindest für ein paar Tage . . .«

»Fein! Ich freue mich. Übrigens ich heiße Sithan. Die Kleine, die neben dem Jungen schläft, ist meine Tochter Yokhan«, sagte sie leise. »Gehört der Junge zu dir?«

»In gewisser Weise schon, obwohl er weder mein Bruder noch mein Sohn ist«, sagte Lin und nannte ihren Namen. »Er hat keine Eltern mehr.«

Die Frau reichte ihr die Hand. »Dann wollen wir versuchen zusammenzuhalten, solange es eben dauert. Und das Beste daraus machen . . . Ich bin froh, daß wir uns getroffen haben«, versicherte sie Lin. »Ich bin zwar nie allein gewesen bisher, aber es ist eben doch niemand dabei, mit dem ich einmal reden könnte. Meine Tochter ist zu klein und meine Eltern sind zu alt.« Sie schwieg und blickte in das zusammenfallende Feuer vor sich. »Sag mal, hast du nicht vielleicht eine Zigarette für mich?«

»Nein – das heißt, eigentlich müßte ich irgendwo noch ein paar haben«, sagte Lin und zog ihren Beutel heran. Sie fand die zerdrückte Packung. »Hier! Die hatte ich glatt vergessen.«

»Du rauchst nicht?«

»Nein.«

»Dann sei froh und bleib dabei! Der beste Rat, den ich dir geben kann«, sagte die junge Frau mit einem halben Lachen. »Ich weiß, das klingt komisch von einer, die sich gerade eine Zigarette erbettelt hat, aber es ist trotzdem so.«

Der Bauer war jeder Bewegung mit gespannter Aufmerksamkeit gefolgt. Seine Augen flogen zwischen der Zigarette und der Packung hin und her. Er sagte nichts, aber sein faltiger Hals geriet in Bewegung. Der Mann schluckte vor Begierde.
»Möchtest du auch eine rauchen, Vater?« fragte Lin.
»Meiner Treu, ja!« sagte der alte Mann.
Unbeholfen zog er die Zigarette aus dem Päckchen und hielt sie dann feierlich zwischen seinen großen, steifen Fingern. Er brannte sie an dem glimmenden Zweig an, den die Tochter ihm reichte, und paffte an der Zigarette wie jemand, der das nicht mehr gewohnt ist. Dann verfiel er darauf, die Zigarette prüfend zu betrachten. Er drehte sie in der Hand und klopfte mit dem riesigen Daumen den Tabak fest. Schließlich drehte er sich seiner Frau zu, die jeder Bewegung mit gespannter Aufmerksamkeit gefolgt war und lachte glücklich.
»Schmeckt sie gut?« fragte die alte Frau begierig.
Er stieß den Rauch genießerisch aus. »Meiner Treu, ja! Sehr gut«, bestätigte er.
Die junge Frau rauchte schweigend vor sich hin. Angespannt, düster, tief in Gedanken, starrte sie ins Feuer, während ihre schlanken Hände nervös und ungeduldig die Zigarette zum Mund führten. Schließlich warf sie die Kippe in die Glut.
»Machen wir Schluß für heute«, sagte sie entschlossen. »Versuchen wir, noch ein paar Stunden zu schlafen.«
Lin erwachte, von schrillen Rufen geweckt. Es regnete schwach, wahrscheinlich schon seit Stunden. Es war ein langsamer, manchmal zu plötzlichen Schauern anschwellender Regen. Der Wind blies in jähen Stößen über den Dorfplatz, als sie die Siedlung verließen. Lin hätte sich gern noch bei dem alten Mann, der ihnen die Hütte überlassen hatte, bedankt. Doch er war nicht zu sehen.
Nach einer Viertelstunde Wegs nahm sie wieder der Wald auf. Sie hatten keine Zeit gefunden, Tee zu kochen. Nur wer sich etwas von seiner Abendmahlzeit aufgehoben hatte, kaute jetzt die Reste. Niemand sprach, keiner half dem anderen.

Jeder war mit sich selbst beschäftigt. In dem fahlen Licht, das sich langsam über den Wald fraß, wirkten die Menschen noch älter und erschöpfter, als sie es ohnehin schon waren.
Die meisten fühlten sich erleichtert, als die Sonne endlich aufging. Doch schon zwei Stunden später, als alles nur noch von Hitze und tropfender Nässe erfüllt schien, dachten sie voller Sehnsucht an die Morgenkühle zurück, und gegen Mittag hatten sie vergessen, wie es auf einer Lichtung im Sonnenlicht aussah.
Am frühen Nachmittag hatte die Erschöpfung einen Grad erreicht, bei dem die Menschen nichts mehr wahrnahmen. Der Vordermann konnte im Schlamm ausrutschen und keuchend liegenbleiben, ohne die Kraft zu haben, wieder aufzustehen. Die Nachkommenden waren gezwungen anzuhalten. Sie warteten dann erstarrt, bis sich der Gestürzte aus eigener Kraft wieder einreihte, oder aber sie stiegen einfach über ihn hinweg. Alle keuchten und litten in der trägen, feuchten Luft unter Atemnot. Von Zeit zu Zeit schien der Wald wie in jähem Überdruß, Nebel auszuschwitzen. Dann bewegten sie sich wie Traumwandler durch die schiefergrauen Schwaden, die sich vor ihren Beinen öffneten, und sich unmittelbar hinter ihnen schneckenhaft langsam wieder schlossen.
Am Nachmittag des zweiten Tages fühlte sich auch Lin am Ende ihrer Kräfte. Noch immer war kein Ende des Marsches abzusehen. Weiter und weiter wand sich der Pfad durch den Dschungel. Die Bambusgehölze reichten bis dicht an den Weg, und bei jedem Schritt streifte Lin das spitze Blattwerk. Wohin sie auch blickte, nichts als ein Chaos von Grün. Dicke Wülste aus Ranken, Blättern und Blüten umfingen die Bäume und hingen als schwere Geflechte, aus denen es unablässig tropfte, über den Köpfen. Zwischen den Wurzeln stand der schwarze Schlamm, und silbrige Rinnsale zogen sich wie Quecksilberadern über den Pfad. Doch das Tropfen, Glucksen und Rauschen ging in dem schrillen Geschrei der Vögel und dem Plappern der Affen unter.

Am Nachmittag des dritten Tages lichtete sich der Wald, und sie gelangten in ein offenes Tal, das mit hohem Gras und wilden Bananensträuchern bewachsen war. Das Gras reichte ihnen bis zum Gürtel und krachte wie Stroh unter den Schritten. Das Sonnenlicht gleißte und brannte. Die Menschen, die sich an das Zwielicht des Dschungels gewöhnt hatten, blinzelten, fühlten sich unsicher und empfanden plötzlich fast so etwas wie Angst vor dem weiten, offenen Tal. Es war alles so nackt und schmerzhaft.

Plötzlich sah Lin die Soldaten. Ein Zug unter der Führung eines Offiziers erwartete die Menschen. Umsonst! Alle Anstrengungen vergeblich! Oder etwa doch nicht? Sie faßte Wan an der Hand, riß ihn zwanzig oder dreißig Meter mit und warf sich dann zu Boden, den Jungen halb unter sich begrabend. Hatte man sie entdeckt? Sie versuchte sich auf den Schmerz vorzubereiten, den die Kugeln verursachen würden, wenn sie in ihren Rücken drangen. Lin hielt den Atem an. Dann wurden ihre Sinne klarer, und ihr Körper entspannte sich wieder. Sie wußte, daß nichts geschehen würde.

»Au-h, au-h! . . . Du hast mir wehgetan! Du hast mich hingeworfen!« Wan brüllte laut, mehr aus Angst als aus Schmerz.

»Still! So halte doch den Mund!« zischte sie. »Soldaten! Dort vorn sind Khmer.«

»Mein Knie! Du hast mich hingeworfen! . . .«

»Nun sei doch still! So schlimm kann es gar nicht sein«, flehte sie. »Wir müssen fort! Sofort weg, sonst ist alles verloren –«

»Ich will aber nicht! Mein Korb! Oh, mein Korb –«

Doch es war bereits zu spät, erkannte sie. Die Soldaten waren trichterförmig ausgeschwärmt, die Waffen schußbereit in Hüfthöhe. Noch hatte man sie nicht entdeckt, aber die ersten befanden sich bereits auf ihrer Höhe, nur etwa dreißig Meter entfernt. In ihren gefleckten Kampfanzügen hoben sie sich kaum von der Landschaft ab.

Lin richtete sich auf. »Kehren wir um«, sagte sie. »Es ist vorbei. Sie haben uns.«

Wan humpelte neben ihr her. »Mein Korb ist weg«, wimmerte er. »Ich will meinen Korb wieder haben.«
»Niemand hat dir deinen Korb weggenommen«, tröstete sie ihn. »Du wirst ihn sicher wiederfinden.«
Sithan erwartete sie bereits. »Keine Hoffnung mehr«, sagte sie. »Wir müssen abwarten. Vielleicht wird alles nur halb so schlimm.«
In kurzen Abständen fielen Kommandos. Alle hoben die Hände über den Kopf.
»Nehmen wir sie eben hoch«, sagte Lin. »Das macht jetzt auch keinen Unterschied mehr.«
»Du mußt auch die Hände heben«, sagte Sithan zu dem alten Mann. »Mache es wie ich, Vater.«
»Wie? Ich verstehe nicht«, sagte der alte Mann und starrte sie begierig an. »Warum hebst du die Hände?«
»Die Hände über den Kopf«, sagte Sithan. »Das ist besser für alle. Nun mach's schon.« In einem plötzlichen Einfall nahm sie die Arme des alten Mannes und hob sie über den Kopf. »Die Soldaten verlangen, daß wir die Arme hochnehmen.«
»Wie? . . . Ach so! Aber das wollte ich doch schon die ganze Zeit«, behauptete er gereizt. Dann, völlig unerschüttert von dem Lärm ringsum, wandte er sich an seine Frau.
»Es ist sicher besser, wenn du gleichfalls die Hände hebst«, riet er ihr mit einer Stimme, die über das halbe Tal hinweg zu hören sein mußte. »Sie sehen dann, daß du ihnen kein Leid antun willst.«
Zwei Soldaten erschienen, die Schnellfeuergewehre schußbereit.
»Waffen! Schmuck! Uhren!«
»Wir haben nichts dergleichen«, behauptete Sithan ruhig.
Der Blick des einen Soldaten fiel auf Wan, der über den Korb gebeugt im Gras kniete. Mit zwei schnellen Schritten war er bei dem Jungen, riß den Korb hoch und fuhr im nächsten Augenblick verblüfft zurück. Noch ehe Wan sich von seiner Überraschung erholt hatte, schleuderte er den Korb über die

Köpfe der Umstehenden ins hohe Gras. Lin sah, wie die Ratte während des Fluges aus dem Korb stürzte und mit gespreizten Beinen wie eine Katze auf den Boden fiel.

Wan schrie auf wie nur ein einsames, übermüdetes Kind in höchstem Schmerz aufschreien konnte. »Er hat sie getötet! Jetzt ist sie tot!«

»Sie ist nicht tot. Schau mich an, Wan!« Lin packte sein Gesicht unterm Kinn, riß es hoch und beteuerte: »Sie ist weggelaufen, aber tot ist sie nicht. Ganz bestimmt nicht.«

»Laß mich! Laß mich! Ich muß sie suchen.«

»Du kannst jetzt nicht weg! Du mußt hierbleiben.«

Wan riß sich los und schrie: »Ich muß sie finden. Sie darf nicht weg! Sie gehört mir.«

Sie rannte ihm nach, holte ihn ein, schlang ihre Arme um seine Schultern und kniete bei ihm nieder, um ihn zu trösten. »O Wan, Wan! Aber Wan! . . . Es ist doch nur ein Tier! Wir finden ein anderes für dich. Aber wirklich! Wir finden ein anderes Tier, das dir genauso gut gefällt . . . ebenso lieb . . . Glaub mir, wir finden etwas.«

Der Soldat blickte mißtrauisch auf Lin und das Kind. Offensichtlich wußte er nicht, was die Szene bedeutete. Sithan redete verzweifelt auf ihn ein, suchte es ihm zu erklären. Doch sein Gesicht blieb ausdruckslos. Schließlich wandte er sich ab und stakte davon.

Eine halbe Stunde später setzte sich der Zug wieder in Bewegung, jetzt aber von den Soldaten begleitet, die die Menschen mit Rufen und Kolbenstößen antrieben. Wan trippelte gehorsam neben Lin. Er hielt den Kopf gesenkt, weinte nicht mehr, aber zuweilen zuckten seine Schultern noch in einem trockenen Schluchzen. Dann wischte er sich mit dem Handrücken die Nase.

Vor Sonnenuntergang machten sie eine halbstündige Rast, dann setzten sie den Marsch durch die rasch einfallende Dunkelheit fort. Längst hatte sie der Wald wieder aufgenommen. Dicke Wurzeln ließen die erschöpften Menschen immer wie-

der straucheln. Ihre Gesichter wurden von den Zweigen und Dornen zerkratzt und bluteten. In der vollkommenen Finsternis konnten sie nicht erkennen, wann der Pfad eine Biegung machte, und landeten oft abseits des Weges. Dann stolperten sie im Unterholz umher und suchten verzweifelt den Weg zurück.
Die Soldaten brüllten und fluchten in hilfloser Wut, wenn die Reihe durcheinander geriet. Aber ihre Stimmen gingen im Chor der Klagen und Stoßseufzer unter. Gegen Mitternacht fühlten sich alle am Ende ihrer Kräfte. Sie schluchzten, tappten weiter, stolperten und stürzten über unsichtbare Hindernisse. Einige warfen ihre letzten Habseligkeiten fort, Decken, Töpfe, ja selbst Erinnerungsstücke, die sie über Wochen gegen alle Versuchungen mitgeschleppt hatten.
Gegen zwei Uhr machten sie eine Rast. Auch Lin fühlte sich dem Zusammenbruch nahe. Sie hatte Wan fast eine Stunde lang an der Hand hinter sich hergezogen. Der Schreck über die Gefangennahme war von den Anspannungen des Marsches überdeckt worden, und sie dachte jetzt an nichts anderes mehr, als an den atemlosen Tumult in ihrer Brust und an das Zittern ihrer überanstrengten Beine. Es würgte sie. Minutenlang war sie bewußtlos, und ein galliger Geschmack füllte ihren Mund.
Noch vor Sonnenaufgang setzten sie den Marsch fort. Doch die Ruhepause hatte schlimme Folgen. Der Antrieb war verloren. Die Spannung, die sie über ihr normales Leistungsvermögen hinaus auf den Beinen gehalten hatte, war einer stumpfen Gleichgültigkeit gewichen.
»Warum sagt ihnen keiner, daß sie nicht so rennen sollen?« rief der alte Mann seiner Tochter zu. Stolz schritt er durch das erste Frühlicht vor Lin her.
»Besser, du bist still«, mahnte die Tochter keuchend, die ihr Kind mit sich zerrte. »Das hier ist kein Spaziergang, falls du das noch nicht gemerkt haben solltest.«
»Ich verstehe dich nicht«, rief der Bauer.

»Du solltest dich ranhalten und weniger reden«, schnaufte die Tochter.
»Was?«
»Schon gut! Mach, was du willst ... Du wirst schon noch dahinterkommen.«
»Warum redest du nicht, daß man dich verstehen kann?« rief der alte Mann beleidigt, ohne die Schritte zu beschleunigen.
Der Abstand vergrößerte sich, und plötzlich tauchten zwei Soldaten neben ihm auf. »Schneller, Alter! Mehr Bewegung! Los, los!«
Unbeeindruckt schritt der Bauer weiter. Der Zwischenraum war inzwischen auf zwanzig Meter angewachsen.
»Los, rascher, Alter! Letzte Warnung!«
Die Soldaten standen nur zwei Schritte ab und hielten die Schnellfeuergewehre in Hüfthöhe. Langsam hoben sie die Läufe. Der Bauer schenkte ihnen keinerlei Beachtung. Den Kopf starr geradeaus gerichtet, tappte er weiter, ohne die Schritte zu beschleunigen.
Lin wußte genau, was geschehen würde, und dieses Wissen machte sie schwach. »Einfach einen Menschen niederknallen, was?« rief sie.
»Jawohl.«
Jetzt mischte sich die Tochter ein. »Er kann nicht anders. Seht ihr das nicht?« fuhr sie die beiden an. »Er ist doch ein alter Mann!«
»Halt's Maul!« sagte einer der Soldaten. »Du hast hier überhaupt nichts zu reden, verstehst du?«
Immerhin schossen sie nicht.
»Er wird schon wieder Anschluß halten«, versprach Sithan. »Ich sorge dafür, und wenn man ihn in Ruhe läßt, schafft er es auch.«
Den ganzen Vormittag hindurch quälten sie sich weiter, trotteten den Pfad entlang, stolperten über Wurzeln, glitten aus und stürzten viele Male, wenn sie in morastige Stellen gerieten. Sithan und ihr Vater waren am elendesten dran. Die Frau

hatte die ganze Nacht ihre kleine Tochter getragen. Nun war sie am Ende ihrer Kräfte und konnte nur unter größten Schwierigkeiten den Anschluß halten.
Auch der alte Mann war jetzt nahe am Zusammenbruch. Am späten Vormittag begann er zu stolpern, auszugleiten, um schließlich erschöpft auf den Boden zu stürzen. Alle fünfhundert Meter fiel er hin, und die Nachfolgenden warteten dankbar, während er sich wieder auf die Beine brachte und weitertaumelte. Aber jeder neue Sturz erfolgte in kürzeren Abständen. Fast ohne Bewußtsein hielt er sich in Bewegung, bei jedem Fehltritt knickten ihm die Beine zusammen. Nach einer Stunde war es ihm unmöglich, sich ohne Hilfe wieder zu erheben, und jeder Schritt von ihm blieb unsicher.
Auch die Soldaten waren aufmerksam geworden. Sie begannen, darauf zu warten, daß er wieder stürzte, und der Zeitpunkt war abzusehen, an dem sie von ihren Schußwaffen Gebrauch machen würden. Schließlich mußten alle durch ein Dickicht, das den Pfad fast völlig überwucherte, und hier fiel der alte Mann erneut. Lin konnte ihn nicht sehen, aber sie sah die Soldaten herbeistürzen und hörte ihr Geschrei.
»Los, hoch jetzt, Alter! Hoch mir dir!«
Lin drängte sich mit Wan nach vorn. Sie konnte die Antwort des Bauern nicht verstehen, aber das Geschrei steigerte sich. Dumpfe Stöße waren zu hören und schließlich die erstickte Stimme des Greises:
»Ich kann nicht mehr . . . Es ist vorbei . . .«
»Laßt mich. Ich führe ihn«, rief sie. »Er wird sich wieder erholen.«
Die Soldaten starrten sie an.
»Los, helft ihm auf die Füße! Wenn er erst wieder steht, wird er auch weiterkönnen. So helft ihm doch, Genossen!«
Die Soldaten zögerten, dann packten sie ihn unter den Armen und versuchten, ihn aufzuheben. Doch sie waren selbst erschöpft, und der bleierne Widerstand des alten Mannes brachte sie in Zorn. Sie ließen ihn wieder fallen, und einer

versetzte ihm einen Faustschlag gegen die Brust. »Hoch mit dir, alter Schweinehund!«
Die Beleidigung und der Schlag durchzuckten den Bauern wie ein elektrischer Stromstoß. Lin sah, wie er von selbst wieder auf die Füße kam und vorwärts taumelte. Sie packte ihn am Arm und hielt ihn fest. Dann fiel ihr Blick auf die junge Frau, die im Gesicht blutete.
»Was hast du? Bist du verletzt?« fragte sie bestürzt.
Sithan versuchte ein Lächeln. »Es ist nichts«, flüsterte sie. »Ich bin mit dem Kind gestürzt und habe mir die Haut aufgerissen.«
Lin wischte ihr das Blut ab, und eine dünne Spalte mit scharfen Wundrändern erschien über der linken Augenbraue, die sofort wieder zu bluten begann. Es gab kein Verbandsmaterial; aber die Mutter fand einen Stoffrest, den sie am Hinterkopf verknotete.
Zwei Minuten später setzten sie den Marsch fort.

5.

Sie erreichten das Lager am frühen Nachmittag. Es war von riesigen Feigenbäumen und einem Wall aus überhohen Kapokbäumen eingeschlossen, die ihr Licht aus fünfzig Metern Höhe erhielten. Die Pfahlhütten waren geschickt zwischen die losen Wurzeln der Feigenbäume gestellt, halb im baumartigen Farnkraut vergraben und von Bambusgestrüpp überwuchert.
Sie tappten bis zu einer Lichtung vor, die offenbar die Mitte des Lagers bildete, und die Soldaten verteilten die Menschen auf die umliegenden Pfahlbauten. Da Lin den alten Mann führte, erhielt sie mit der Familie zusammen eine Bambushütte. Es gab keinerlei Einrichtung, nur mehrere Lasten Bananenblätter, auf die sie wortlos niedersanken.

Niemand sprach, alle fielen in einen traumlosen Schlaf, aus dem sie erst während des nächsten Vormittags erwachten. Sie waren noch immer fürchterlich erschöpft, räkelten sich und dösten vor sich hin, aber sie konnten nicht mehr schlafen. Es bestand keine Möglichkeit, in dem Lager spazieren zu gehen, und sie wollten es auch nicht ernstlich; aber die meisten verspürten doch eine leise Unruhe.

Lin lag auf dem Bauch und blickte durch das Flechtwerk. Die Sonne brach nur an wenigen Stellen durch das dichte Laubdach, sonst herrschte ein grünlicher Dämmer. So mußte es auf dem Boden eines Sees aussehen. Sie hatte von solchen Unterwasserlandschaften gelesen. Man konnte nicht ausmachen, woher das Licht eigentlich kam, und doch war es da und umfloß jede Einzelheit. Die freiliegenden Wurzeln der Feigenbäume sahen wie schlafende Riesenschlangen aus, und die Bambuswedel mit ihren zitternden Federbüschen, bizarr und geheimnisvoll, wirkten wie letzte Überbleibsel eines anderen Erdzeitalters.

Auch Sithan neben ihr war erwacht, merkte sie.

»Was werden sie jetzt mit uns machen?« fragte Lin. »Was meinst du?«

Sithan zuckte die Schulter. »Arbeiten ... Wir werden arbeiten müssen.«

»Glaubst du wirklich?«

»Irgendeinen Vorteil versprechen sie sich von uns«, sagte sie nachdenklich. »Sonst hätten sie sich kaum die Mühe gemacht, uns in dieses Lager zu schleusen.«

Sithans dunkles, abgezehrtes Gesicht war unverwandt starr ins Leere gerichtet. »Manchmal denke ich, sie haben es nur darauf abgesehen, uns umzubringen ... uns alle; ein ganzes Volk auf langsame, grausame Art umzubringen«, flüsterte sie. »Sie haben es fertiggebracht, daß wir wie Tiere nur noch unseren Instinkten folgen und ans Überleben denken. Irgendwie haben sie unsere Vergangenheit ausgelöscht, und es gibt auch keine Zukunft mehr für uns. Wir leben nur noch im

Heute und Jetzt ...« Plötzlich verzog sich ihr Gesicht zu einer Grimasse, wie Lin sie noch nie bei ihr beobachtet hatte – ein Ausdruck des Schmerzes, qualvoll und voller Verzweiflung.

»Ein ganzes Volk kehrt in die Steinzeit zurück«, sagte sie ruhig und tonlos. »Feudalismus, Royalismus, Kapitalismus, Faschismus, Kollektivismus – für uns alle gleich verhängnisvoll ...« Sie schwieg und starrte weiter ins Leer. »Wenn ich allein wäre – ohne Eltern und ohne Kind –, hätten sie an mir keine Freude. Dann wüßte ich, was ich täte ... Aber so ist es einfach hoffnungslos. Ich kann sie nicht im Stich lassen, obwohl ich schon oft mit dem Gedanken gespielt habe, muß ich gestehen. Aber ich bringe es nicht fertig ... Auch wenn ich ihnen wahrscheinlich gar nicht helfen kann, weil sie mir nach und nach wegsterben werden, kann ich nicht fort ... Ich käme nie darüber hinweg ... Dabei denke ich unentwegt daran, male es mir aus, wie es wäre, wenn ich noch einmal von vorn beginnen könnte ... Das ist auch eine Art Hölle, versichere ich dir. Man denkt daran, denkt unentwegt daran und weiß doch, daß man es nicht tun wird.«

Lin nickte. Sie würde bei der ersten Gelegenheit die Flucht fortsetzen. Sie hätte gern mit Sithan über ihre Pläne gesprochen; aber es mußte geschehen, wenn sie allein waren. Sie blickte wieder durch das Bambusflechtwerk hinaus. Ein Posten schritt hinter einer Frau her, die er aus der Nachbarhütte abgeholt hatte.

Auch Sithan hatte den Vorfall bemerkt. »Sie haben also schon mit den Verhören begonnen«, murmelte sie.

»Was sie sich nur davon versprechen? Es sind alles einfache Leute, da ist nichts zu holen. Von ihnen kann ihnen auch keine Gefahr drohen. Das sollten sie doch schon gemerkt haben.«

»Selbstverständlich wissen sie es auch«, sagte Sithan. »Aber es ist ihre Art der Menschenbehandlung ... Solche Verhöre isolieren. Jeder ist plötzlich auf der Hut. Jeder fürchtet, der

andere könnte etwas gegen ihn aussagen – um sich zu retten oder auch nur um einen kleinen Vorteil für sich herauszuschlagen.«
»O Buddha«, murmelte Lin. In diesem Licht hatte sie es nie gesehen.
»Achte einmal darauf«, sagte die Frau. »Nach solchen Verhören ist es niemals wieder ganz so, wie es vorher war ... Niemand sagt plötzlich mehr, was er wirklich denkt oder was er vorhat ... Alle gegenseitigen Versicherungen und alle guten Vorsätze nutzen da nichts. Schließlich weiß niemand, wie widerstandsfähig der andere wirklich ist. Vielleicht wenden sie bei den Verhören sogar Gewalt an – nur so ein bißchen Druck – und dann redet sowieso jeder.«
Minuten später strich ein Schatten über die Bambuswand. Die Leiter erzitterte, ein Soldat erschien im Eingang.
»Mitkommen! Sofort!«
Der Befehl war an niemand persönlich gerichtet. Der Soldat sah sich um, dann deutete er auf Sithan.
»Du da! Rasch!«
Sithan drückte Lins Schulter, während sie aufstand. Es sollte ein Versprechen sein.
»Warum ist sie fort?« fragte der alte Bauer. Es waren die ersten Worte, die er sprach, seit sie in dem Lager waren.
»Ich weiß es nicht, Vater«, sagte die alte Frau. »Der Soldat wollte, daß sie mitkommt. Er hat einige Fragen an sie.«
»Fragen? ... Was für Fragen?«
»Woher soll ich das wissen, Vater«, sagte die alte Frau. »Wer wir sind? Woher wir kommen? Wohin wir wollen? ... Solche Fragen, denke ich.«
Der Bauer überdachte die Antwort, und es entstand minutenlang ein unbeholfenes Schweigen. Mehrere Male schien es, als wolle er sprechen, dann kam jedesmal der rätselhaft betretene Blick in die kleinen Augen, und er sagte doch nichts.
Draußen hatte es zu regnen angefangen. Ein grauer milchiger Schein erfüllte die Lichtung. Dort mußte die Sonne stehen.

Als der alte Mann das sah, erhellte sich sein Gesicht. Er lehnte sich nach vorn, wo sein Enkelkind mit dem Lebensmittelbeutel der Mutter spielte. Dann tippte er dem Mädchen mit seinem großen steifen Zeigefinger gegen das Knie, deutete in die Richtung der Sonne und sagte sehr langsam und deutlich:

»Dort ist die Sonne – die Son-ne.«

Das Mädchen wiederholte gehorsam das Wort, wie es der Bauer gesagt hatte.

»Da ist ein Baum – Baum«, sagte er.

Das Kind wiederholte: »Baum.«

Die beiden Alten strahlten auf. Sie nickten zustimmungsvoll und riefen aus. »Gut. Ja, sehr gut.«

Der alte Mann wandte sich an seine Frau: »Das hat sie sehr gut gesagt, nicht wahr?«

»Aber ja! Vollkommen richtig«, bestätigte die alte Frau stolz.

Dann deutete der Bauer auf den Regen, machte mit beiden Händen eine schrägabwärts fahrende Geste und sagte langsam und überdeutlich:

»Es regnet.«

»Es regnet«, wiederholte das Kind und lachte. »Es regnet. Es regnet.«

Der alte Mann nickte bekräftigend und klatschte vor Freude in die Hände. »Ja, ja! Sehr gut . . . Du sprichst schon sehr gut, mein Kind.« Dann fiel sein Blick auf Wan, der mit hochgezogenen Knien neben Lin saß. Er sah den Jungen mit einem gütigen, freundlich besorgten Gesicht an. Nach einer Weile sagte er:

»Du bist schon älter. Du weißt das schon alles, wie?«

Wan nickte mißtrauisch.

»Gestern hast du geweint. Da warst du traurig, nicht wahr, weil der Soldat den Korb mit der Ratte wegwarf: Aber glaube mir, für sie war's ein Freudentag. Jetzt lacht und tanzt sie vor Entzücken, deine Ratte.«

»Aber warum denn?« fragte Wan, noch immer mißtrauisch.
»Weil sie ihre Freiheit zurückerhielt«, erklärte der alte Mann. »Tiere brauchen die Freiheit ebenso wie die Menschen. Sonst sterben sie. Nur in der Freiheit ist ihnen das Leben lebenswert.«
Eine Viertelstunde später kam Sithan zurück. Der Posten trieb sie vorwärts. Um den Kolbenstößen zu entgehen, rannte sie die letzten zwanzig Meter. Lin blieb keine Zeit, sie auszufragen, denn nun forderte sie der Soldat auf mitzukommen. Ein Stoß in die Seite begleitete die Aufforderung, und Lin kletterte die Leiter hinab.
Der Soldat wies mit der Mündung seines Schnellfeuergewehrs auf den Feigenbaum, und sie ging mit langen Schritten vor ihm her. Sie überquerten den weiten Platz. Ein paar Hütten auf Pfählen waren zwischen den Bäumen zu sehen. Dann stand die plötzlich vor dem dunklen Eingang einer Höhle oder eines Tunnels. Hier mußte sich die Kommandostelle befinden. An den Wänden aus rotem Lehm lehnten mehrere Soldaten, andere hockten am Boden. Alle sahen sie neugierig an, aber niemand sagte ein Wort.
In der Mitte der Höhle brannte eine einsame Glühbirne, die an eine Akku-Batterie angeschlossen war. Genau unter der Lampe stand ein Tisch, an dem ein Offizier in Felduniform saß. An der Schmalseite hatte der Protokollführer Platz genommen. Er war nicht älter als fünfzehn, schätzte sie.
»Name?«
Lin nannte ihren Namen.
»Geburtsdatum, Wohnort, Beruf?«
Lin antwortete rasch, scheinbar ohne nachzudenken.
»Du warst Lehrerin«, stellte der Offizier fest und blickte langsam an ihr empor.
»Und warum bist du geflohen?«
»Ich bin nicht geflohen. Die Schule wurde aufgelöst. Die älteren Schüler meldeten sich zur Volksbefreiungsarmee, die jüngeren gingen mit ihren Eltern nach Norden. Sie wollen

dort, auf Befehl der Partei, mithelfen, ein sozialistisches Kambodscha zu errichten.«

»Und du?«

Das war die entscheidende Frage. Lin wußte es, sie spürte es auch am schnelleren Herzschlag. »Ich blieb zunächst zurück. Ich stellte einen Transport der Kinder zusammen, die keine Eltern mehr besaßen. Sie begleitete ich.«

»Und warum bist du dann jetzt hier?«

»Ich wurde krank«, log sie. »Ein Malariaanfall mit sehr hohem Fieber. Als ich wieder bei Bewußtsein war, lag ich allein in der Hütte. Die Genossin hatte nicht so lange mit den vielen Kindern warten können.«

»Und dann bist du also geflohen.« Der Offizier hob den Kopf und sah sie zum ersten Mal voll an. Er war ein Mann aus dem Südosten, erkannte sie an den schrägstehenden Augen und den starken Wangenknochen, die wie Wülste aus dem hageren Gesicht vorsprangen.

»Warum sollte ich?« Es gelang ihr, genügend Verwunderung in die Stimme zu legen. »Ich wollte sie natürlich wieder einholen, aber das war schwieriger, als ich zunächst annahm. Dann fand ich ein Kind, das seine Eltern verloren hatte, und nahm es mit. Die Partei lehrt ...«

»Ich weiß, was die Partei lehrt«, unterbrach der Offizier sie ungeduldig.

»Jedenfalls hätte er ohne mich sterben müssen. Er ist erst sieben oder acht. Darum nahm ich ihn mit«, fuhr Lin fort.

»Wie konnte er allein zurückbleiben? Das verstehe ich nicht.«

»Das weiß ich auch nicht. Ich war ja nicht dabei. Er hatte sich versteckt. Er ist ein sehr romantischer Junge ... irgendwelche bürgerlichen Vorstellungen von Abenteuer und Romantik, vermute ich. Jedenfalls schloß er sich mir an. Ich sah da eine doppelte Aufgabe, ganz im Sinne der Partei ...«

Er unterbrach sie mit einer Handbewegung. »Woher kommt er?«

»Von der Küste«, erklärte sie. »Irgendwo von der Küste. Den Namen des Ortes habe ich vergessen ... Er heißt Wan. Seine Familienverhältnisse kenne ich nicht.«
Sie wurden unterbrochen. Drei Soldaten schleppten einen an den Händen gefesselten Mann in den Tunnel.
»Was zum Teufel soll das?« schrie der Offizier und sprang empor. »Ich möchte nicht gestört werden. Ist das so schwer zu begreifen!«
»Er versuchte zu fliehen, Genosse Major«, meldete einer der Soldaten. »Ein Volksverräter –«
Der Major nestelte an seiner Pistolentasche. »Warum bist du geflohen?«
»Meine Frau«, stammelte der Mann. »Sie ist krank ... Ich mußte sie zurücklassen. Nun wollte ich –«
Der Major nickte verständnisvoll. »Du dachtest, du könntest sie jetzt holen, nicht wahr? Einfach auf und weg und wieder zurück – oder auch nicht. Gerade wie es dir einfällt. So einfach ist das.«
»Ich wäre zurückgekommen. Ich wollte sie nur holen«, beteuerte der Mann. »Ich schwöre, ich wäre zurückgekommen.« Er wischte sich den blutigen Mund. Wahrscheinlich hatte er bei der Gefangennahme einen Kolbenhieb ins Gesicht erhalten. Die linke Wange war geschwollen, das eine Auge blutunterlaufen.
»Klar«, sagte der Major freundlich. »Klar, wärst du zurückgekommen. Du bist ja auch ein ganz großer Patriot, nicht wahr?«
Er starrte den blutenden Mann mit seinem kalten, starren Lächeln an.
Der Mann lächelte plötzlich zurück. Trotz seines schauerlich zerschlagenen Gesichts verzog sich sein verschwollener Mund zu einem dankbaren Lächeln.
Aber er fand keine Zeit mehr, den Ausdruck zu verändern, als ihm die Kugel in den Kopf drang. Er sackte vornüber, schlug auf den Tisch und rollte zur Seite. Immer noch lächelte er,

aber das Lächeln wirkte nun leer, hohl und sonderbar töricht.
»Schafft ihn weg! Hängt ihn als warnendes Beispiel an den Feigenbaum. Alle sollen ihn sehen«, befahl der Major ruhig und gleichgültig. Nicht anders hätte er einen Hund aus dem Tunnel verjagt.
Lin starrte auf den Offizier. Sie hätte schreien mögen; gleichzeitig hatte sie das Gefühl, ersticken zu müssen. »Verzeihung!« brachte sie hervor und rannte, die Hand gegen den Mund pressend, aus dem Tunnel. Sie erbrach sich in ein Bananengestrüpp neben dem Eingang. Zwei Khmer waren ihr nachgekommen und beobachteten sie mit entsicherten Waffen. Mit weichen Knien kehrte sie zurück. Auf halber Strecke begegnete sie einem Soldaten, der den Toten am Rockkragen hinter sich herschleifte.
Der Major wartete lächelnd auf sie. »Wieder in Ordnung?« fragte er verständnisvoll. »Kann vorkommen, wie?«
»Es tut mir furchtbar leid«, flüsterte sie mit blassem Gesicht.
»Ich mache so etwas nicht gern«, meinte er beiläufig. »Aber wir dürfen keine Schwäche zeigen. Wie jede Revolution verlangt auch diese ihre Opfer. Härte ist die einzig mögliche Reaktion. Letzten Endes sparen wir auf diese Weise sogar Blut, weil es allen beweist, daß wir zum Sieg entschlossen sind und kein Schindluder mit uns treiben lassen.«
»Gewiß«, flüsterte Lin. »Selbstverständlich.« Sie haßte sich für ihre Schwäche. Ihre Beine zitterten, aber sie wagte es nicht, um einen Stuhl zu bitten.
»Irgendwelche Kenntnisse im Sanitätswesen?« fragte der Major. »Oder einmal als Krankenpflegerin gearbeitet?«
Sie schüttelte stumm den Kopf.
»Damit bist du für heute entlassen. Morgen oder übermorgen sprechen wir noch einmal darüber.« Er winkte einem der Soldaten. »Bring sie zurück!«
Als sie den Tunnel verließ, dunkelte es. Man hatte den Toten bereits an den Feigenbaum gehängt, aber sie vermied es, in

seine Richtung zu sehen. Um sie herrschte große Stille, nur ein paar Vogelrufe waren zu hören. Niemand zeigte sich. Während sie die Leiter emporkletterte, zitterten ihr die Beine noch immer.

Sithan wartete bereits ungeduldig auf sie. »Nun, was hat es gegeben? Erzähle! Du warst lange fort.«

Lin kroch auf ihren Platz an der hinteren Wand und blickte durch das Flechtwerk. Sie sah nichts Verdächtiges; aber das wollte nichts heißen. In der Dämmerung war es leicht für einen Lauscher, unter die Hütte zwischen das Stützwerk zu schlüpfen.

»Komm näher heran und sprich leise.«

Die Frau kletterte neben sie. »Erzähle mal! Ich platze sonst noch vor Neugierde. Was hat er dich gefragt?«

»Eigentlich nichts Besonderes«, sagte Lin, dicht am Ohr der Frau. »Nichts, was sie nicht auch auf jeder Polizeistation gefragt hätten. Name, Beruf, Wohnort . . . Und dann wollte er natürlich wissen, wie ich zu euch gekommen sei.«

»Und was hast du ihm gesagt?« wisperte sie.

»Oh, ich erzählte ihm von einem Malariaanfall«, erklärte Lin. »Durch den Fieberanfall sei ich zurückgeblieben und dann später auf euch gestoßen.«

»Das ist gut. Das ist sogar sehr gut«, warf sie entschieden dazwischen. »Und er hat dir das abgekauft? Das muß ich mir merken.«

»Warum nicht? Der Einfall kam mir ganz plötzlich. Aber er ist doch einleuchtend. Erstaunlich wäre es nur gewesen, wenn er mir nicht geglaubt hätte.«

»Bist du geschlagen worden?« fragte Sithan leise.

»Geschlagen? Nein. Wieso? . . . Du vielleicht?«

»Nicht geschlagen, nur herumgestoßen. Und ein paar Kolbenhiebe . . . Aber das reichte schon. Ich glaube, ich habe überall blaue Flecken«, gestand sie mit einem harten Lächeln. »Hat er dich auch über mich befragt?«

»Nein . . . Sollte er denn?« fragte Lin verwundert.

»Natürlich nicht. Aber es hätte doch sein können, nicht wahr?« flüsterte sie. »Übrigens haben sie uns auch das Abendessen gebracht. Ich habe dir deine Portion aufgehoben.«
»Was ist es denn?« Lin merkte plötzlich, daß sie den ganzen Tag noch nichts gegessen hatte.
»Das Übliche – ein Reiskloß, in Wasser gekocht. Dazu gab es eine Schöpfkelle Wasser in einer alten Konservendose. Solange wir nicht arbeiten, gibt es nur eine Mahlzeit am Tage. Du kennst ja ihre Devise: ›Arbeite hart und versuche, mit einem Minimum an Lebensmitteln ein Maximum an Leistung zu erzielen‹.«
Der Kloß war nicht größer als eine Kinderfaust, außerdem schlecht gekocht. Die Körner knirschten zwischen den Zähnen.
»Ich glaube, sie sparen sogar an Wasser und Feuer.«
»Iß nur«, mahnte die Frau. »Du mußt bei Kräften bleiben. Mir hat es auch nicht geschmeckt. Aber ein Kloß ist immer noch besser als ihre Reissuppe. Wenn sie erst damit anfangen, wissen wir, daß es mit ihren Vorräten zu Ende geht.«
Lin trank die Hälfte ihrer Wasserration.
»Worüber hat er dich noch befragt?«
»Er wollte wissen, ob ich schon einmal als Krankenpflegerin gearbeitet hätte.«
»Sehr gut!« Sithan lächelte plötzlich. »Es war also nicht umsonst. Er beißt an, verlasse dich darauf. Was hast du ihm geantwortet?«
»Eigentlich nichts. Ich habe nur den Kopf geschüttelt. Zu der Zeit wußte er doch schon, daß ich Lehrerin war.«
»Nicht sehr gescheit«, behauptete die Frau, »aber auch kein Beinbruch. Das eine müßte das andere nicht notwendigerweise ausschließen. Aber mit etwas Phantasie läßt es sich noch korrigieren.«
»Verstehe ich nicht«, bekannte Lin.
»So schwierig ist das nun auch nicht! Bei jeder Antwort, die

du in solchen Verhören gibst, mußt du dir immer auch die Wirkung überlegen, die sie auf den anderen hat. Wenn du dem Major sagst, daß du Lehrerin bist, wird dir das im Lager kaum helfen . . . In Zeiten wie diesen ist Wissen nicht sehr gefragt. Und eine Schule werden sie hier schwerlich einrichten, meinst du nicht?«
»Kann sein«, gab Lin zu. »Was hast du denn angegeben?«
»Oh, ich sagte, ich sei Krankenpflegerin gewesen«, erklärte Sithan triumphierend. »Krankenpflegerinnen sind im Krieg immer gesucht, mußt du wissen. Davon gibt es in diesen Lagern nie genug. Er war auch sofort interessiert . . .« Sie kicherte leise. »Er fragte mich, ob ich die Kranken und Verwundeten auch selbständig behandeln könne. Ihr Sanitäter ist ein ehemaliger Tankwart, der vielleicht einen Ölwechsel, aber keinen Verbandswechsel machen kann . . . Sie haben auch einen Arzt. Er muß jedoch vier Lager betreuen, die ziemlich weit auseinander liegen. Er kommt nur alle zwei oder drei Wochen einmal. In der Zwischenzeit führe ich jetzt das Lazarett.«
»Hört sich ziemlich verantwortungsvoll an«, sagte Lin zweifelnd. »Kannst du denn das?«
»Krankenschwester war ich natürlich nicht«, wisperte die Frau und kicherte wieder. »Aber du darfst nicht vergessen, daß ich drei Kinder hatte, von denen allerdings nur noch eines lebt. Außerdem bin ich in einer großen Familie aufgewachsen. Da gab es beinahe täglich etwas zu verbinden.«
»Na, ich weiß nicht . . . Mut hast du jedenfalls«, bestätigte Lin. »Krankenpflegerin in einem solchen Lager, dazu gehört schon etwas.«
»Aber gar nicht! Warum denn?« wisperte sie. »Das mache ich leicht! Und besser als in den Zuckerrohrfeldern zu schuften oder in einer Bananenpflanzung, ist es allemal«, behauptete sie überzeugt. »Weißt du, wie es dort zugeht? Um vier Uhr morgens läutet die Glocke. Es gibt nur Wasser zu trinken, keinen Tee. Das Frühstück ist längst als Ausfluß bourgeoiser

Verweichlichung abgeschafft. Am Mittag gibt es Reissuppe: eineinhalb Kilo Reis für hundert Personen! Kannst du dir vorstellen, wie dir da nach vier Wochen zumute ist? Abends gibt es wieder Suppe. Vielleicht ist der Reis jetzt durch etwas Gemüse angereichert – vielleicht. Vielleicht aber auch nicht ... Verstehst du jetzt, warum er dich nach deinen Kenntnissen im Pflegedienst befragte?«

»Nein –« Lin schüttelte den Kopf, »wenn ich ehrlich bin, noch immer nicht.«

»Aber, aber! Weil ich dich angefordert habe! ... Weil ich ihm sagte, daß ich dich als Hilfskraft brauchen könnte«, rief sie. Sie sah Lin einen Augenblick an, und ihr dunkles Gesicht war verwandelt von ihrem strahlenden Lächeln. »Begreifst du? Das ist die Lösung für uns beide! Zu zweit wird alles sehr viel leichter sein – für jeden von uns! Du wirst sehen, gleich morgen früh fangen wir an.«

»Ich habe höchstens einmal einen Finger verbunden«, wehrte Lin ab. »Zu mehr reicht es bei mir auch nicht.«

»Aber das ist doch Unsinn! Kompletter Unsinn!« beteuerte die Frau. »Du wirst es können! Wenn du erst einmal angefangen hast, wird es schon irgendwie gehen. Ich verspreche es dir. Wir schaffen es ... Und wenn du tatsächlich einmal meinen solltest, du könntest nicht mehr und dir alles bis zum Halse steht, dann brauchst du nur daran zu denken, daß du ja immer noch zum Straßenbau kannst, daß du immer noch Kanäle anlegen darfst ... und dann wird dir die Wahl wieder leicht werden.«

6.

Lin wachte auf, als die Lagerglocke läutete und der Sanitäter Sithan zum Dienst abholte. Es konnte jetzt noch nicht einmal vier Uhr sein. Der Dorfplatz lag im ersten rosigen

Frühlicht. Die Vögel lärmten in den Bäumen. Irgendwo kreischte eine streitsüchtige Affenfamilie.
Lin wälzte sich empor und blickte durch das Flechtwerk. Ein Zug Soldaten exerzierte am anderen Ende der Lichtung. Es waren ganz junge Männer, viele noch halbe Kinder, kaum älter als vierzehn. Wie war es möglich, daß von ihnen so viele Grausamkeiten ausgingen? Keiner von ihnen würde auch nur einen Atemzug lang zögern und auf sie schießen, wenn er sie außerhalb des Lagers antreffen sollte.
Sie hörte ein Geräusch neben sich. Es war der alte Mann, der sich nervös den Kopf rieb.
»Verflucht, kein Schlaf«, murmelte er benommen.
Lin setzte sich auf. »Schlimme Zeiten für jeden von uns«, sagte sie.
»Wie?«
Sie nickte ihm zu, ohne zu antworten. Wenn sie erst eine Unterhaltung begann, war es mit der morgendlichen Stille vorbei. Und sie war dankbar für jede Minute, die sie so sitzen konnte.
»Wie war das? Ich habe nicht verstanden.«
»Ich sagte – schlimme Zeiten für alle.«
»Ah-h!« rief der Bauer. »Das ist richtig.« Er nickte bekräftigend.
Sie wurden unterbrochen. Draußen erschien einer der Soldaten.
»Alle raustreten! Sofort!«
Wan drängte sich zu Lin und klammerte sich an ihr fest, während sie sich mit den anderen aufstellte. Der Soldat wippte in den Knien, als er den Tagesplan erklärte. Es war ihm anzusehen, wie sehr er seine Macht genoß. Alle Erwachsenen hatten sofort zu den Zuckerrohrfeldern abzurücken. Unter dem Feigenbaum lag für jeden ein Reiskloß bereit. Er bildete die Tagesration. Wer ihn sofort aß, mußte dann bis zum Abend warten. Arbeitsende mit Sonnenuntergang. Die Kinder blieben im Lager unter der Aufsicht der Alten. Sie hatten

die Hütten zu reinigen und andere, leichtere Arbeiten zu verrichten.
Die alte Frau durfte mit den beiden Kindern zurückbleiben.
Als Lin an dem Soldaten vorbeigehen wollte, hielt er sie am Arm fest.
»Du bleibst hier. Du wirst anderweitig gebraucht. Warte, bis ich zurückkomme.«
Der Soldat schritt zur nächsten Hütte, wo die Bewohner bereits auf ihn warteten. Minuten später rückten die Arbeitsfähigen ab und in einer Schlange an dem Feigenbaum vorüber, wo der Erschossene hing. Jeder erhielt einen Kloß und einen Becher Trinkwasser. Die meisten stopften den Reis sofort in den Mund, weniger aus Hunger als in der Erkenntnis, daß man nur dessen sicher sein konnte, was man bereits gegessen hatte.
Die Soldaten in ihren gefleckten Tarnanzügen waren inzwischen von ihrer Gefechtsübung zurückgekehrt und saßen mit untergeschlagenen Beinen, die Hände auf den Oberschenkeln, in einem weiten Doppelkreis auf der Lichtung. Die Waffen waren zu Pyramiden zusammengestellt.
»Genossen Soldaten der Volksarmee!« hörte Lin die Stimme des politischen Kommissars. »Die Werktätigen unseres Volkes und der sozialistischen Brudervölker blicken voller Vertrauen und Hochachtung auf euch. Großes wurde in dem heldenhaften Freiheitskampf unseres Volkes bereits geleistet. Nun ist es an euch, das Erbe der Patrioten aufzugreifen und zu vollenden. Die werktätigen Massen hoffen, daß ihr das Vertrauen, das die Regierung in euch setzt, die nur das Wohl des Volkes will, rechtfertigt. Können sie mit euch rechnen, Genossen?«
Einer der Soldaten sprang empor. »Wir geloben feierlich, unsere Pflicht zu tun und am Aufbau des Sozialismus, wie ihn die Regierung vorlebt, mitzuarbeiten.«
»Ich danke dir, Genosse«, sagte der politische Kommissar. »Du hast uns allen aus dem Herzen gesprochen. Deine Ver-

pflichtung gilt für jeden von uns ... Aber noch ist der Sieg des Sozialismus nicht errungen, noch können wir die Waffen nicht aus der Hand legen. Ich sage euch, Genossen, noch wird es gelegentlich zu Schwierigkeiten kommen. Was sagt ihr dazu?«

Der Nachbar sprang auf. Mit gereckter Brust erklärte er: »Hier gibt es nur ein Wissen und Wollen, und das vermittelt die Partei, die das Volk darstellt. Wir folgen dem Ruf der Regierung, die uns ganz im Sinne der Partei von Sieg zu Sieg führt. Wir haben unsere Zauberwaffe, die uns auch den Endsieg garantiert!«

»Danke, Genosse Soldat! Ich bin sicher, ich spreche in aller Namen, wenn ich dir versichere, daß du uns mit deiner gefestigten Zuversicht sehr geholfen hast.« Der Kommissar machte eine Pause und blickte in die gereckten Gesichter. »An welche ›Zauberwaffe‹ denkt der Genosse? Du da!« Er deutete auf einen Soldaten in der zweiten Reihe.

Der Soldat sprang empor. »Es ist die Zauberwaffe ›Mensch‹, an die der Genosse denkt. Es sind die Menschen, nicht die Maschinen, die entscheiden. Wenn die Menschen gemäß der Lehren der Partei leben, arbeiten die Maschinen gemäß den Wünschen der Menschen. Wenn keine günstigen Bedingungen gegeben sind, ist es unsere Aufgabe, sie zu schaffen. Das sind die Lehren, die wir alle aus dem großen vaterländischen Krieg gegen die amerikanischen Imperialisten und ihre Helfershelfer gezogen haben.«

»Sehr gut, Genosse.« Der Kommissar nickte zufrieden. Im Gegensatz zu den Soldaten, die Sandalen trugen, die aus alten Autoreifen gefertigt waren, besaß er knöchelhohe amerikanische Kampfstiefel und eine gefleckte Tarnjacke.

»Für heute noch eine Episode aus dem großen Freiheitskampf, die die Überlegenheit der ›Zauberwaffe Mensch‹ beweist.« Er schwieg und blickte mit einem unpersönlichen Wohlwollen über die Soldaten.

»Sengh Nol und seine Kampfgenossen waren dazu auserse-

hen, einen der Vorposten der fremden Aggressoren zu nehmen. Doch als sie sich bis auf wenige hundert Meter an die Stellungen des Volksfeindes herangearbeitet hatten, gab es nicht mehr genügend Munition, um den Posten zu nehmen.
Eine Gruppensitzung wurde abgehalten. Sengh Nol, den sie den Kämpfer mit dem Tigerherzen nannten, sagte: ›Macht nichts! Wir werden uns erst die Munition holen und dann angreifen. Wir haben unsere Zauberwaffe.‹
›Welche Zauberwaffe?‹ fragten einige zweifelnd. Der Kämpfer mit dem Tigerherzen sagte: ›Menschen, Soldaten – euch Genossen!‹
Einige zweifelten weiter. Sie meinten: ›Wir sollen die Stellung des Volksfeindes erobern und auch zuvor noch die Munition heranschaffen? Wie kann das möglich sein?‹
Sengh Nol antwortete: ›Es wird nicht einfach sein, aber denkt an unsere großen Führer, die in vielen Jahren nicht müde wurden! Wenn die Voraussetzungen ungünstig sind, dann müssen sie verändert werden. Wir holen die Munition und greifen an.‹
Die Gruppe trat sofort in Aktion. Sie marschierte zwölf Kilometer im Schutze der Dunkelheit bis zum Bataillon. Jeder lud sich soviel Munition auf, wie er nur zu tragen vermochte, dann kehrten sie zur Stellung des Volksfeindes zurück. Im Morgengrauen griffen sie an. Sie überschütteten den Feind mit einem vernichtenden Feuer und errangen den Sieg. Das war der große Sieg des Genossen Sengh Nol, ein Sieg der Idee – Vorrang der Faktoren Mensch und Politik.«
Lin schreckte auf, als sie ein Geräusch hinter sich hörte. Es war der Wachsoldat. Er hatte Befehl, sie zum Kommandanten zu bringen.
Der Major saß an dem gleichen Tisch unter der einsamen Glühbirne, ein Transistorradio neben sich, und gab kein Zeichen des Erkennens, als sie vor ihm stand. Die Soldaten waren es gewohnt, daß er sie, manchmal minutenlang, so vor sich stehen und warten ließ. Er studierte irgendwelche Akten.

Endlich hob er den Kopf und sagte ernst: »Du verstehst also doch etwas von Krankenpflege?«
»Es ist nicht gerade mein Beruf«, sagte Lin zögernd, »aber ich bin sicher, ich könnte mich nützlich machen ... Ich würde sehr gern helfen.«
»Wenn du aber lieber auf die Felder willst –?«
»Nein!« sagte sie rasch.
»Gut, dann werden wir's versuchen. Ich nehme an, eine Warnung ist überflüssig. Du weißt, wie wir mit Verrätern an der Sache des Volkes umgehen.«
»Ja.«
Er winkte dem Soldaten, der an der roten Lehmwand kauerte, und vertiefte sich wieder in seine Akten. Sie war entlassen.
Der Soldat deutete nach dem Hintergrund des Tunnels, und sie ging voran. Nach fünfzehn Metern standen sie vor einer Wand, die nur eine schmale Tür besaß.
Sie öffnete die Tür. Drei Stufen führten zu einem mittelgroßen, nur spärlich beleuchteten Raum. An den beiden Längswänden lagen auf grasgefüllten Säcken etwa fünfzehn Kranke und Verwundete.
Sithan kam mit einem Waschbecken aus einem Seitenzimmer. Über dem Unterarm lag ein Tuch.
»Gut, daß du da bist«, sagte sie. »Du kannst mir sofort helfen.« Sie warf Lin einen kurzen Blick zu, ohne zu lächeln. »Ich dachte schon, du kämst überhaupt nicht mehr.« Sie sprach ruhig, mit unpersönlicher Geläufigkeit. Plötzlich wandte sie sich dem Soldaten zu. »Gibt es noch etwas Genosse?« Sie maß ihn mit einem erstaunten Blick. Sonst sagte sie nichts. Sie stand nur da, sah ihn an und schwieg. Der Soldat zögerte, dann schlenderte er davon. Sithan wartete, bis er den Raum verlassen hatte. Er ließ die Tür halb offen.
»Würdest du bitte die Tür schließen«, sagte sie zu Lin. »Der Genosse ist offensichtlich nicht an Türen gewöhnt.«
Zwei Kranke kicherten.

»Du hast dich rasch eingewöhnt«, sagte Lin leise, während sie Sithan das Waschbecken abnahm.
»Findest du?« In Sithans Augen blitzte es humorvoll auf. »Wir werden ja sehen ... Jedenfalls habe ich beschlossen, die nächsten Monate hier zu bleiben. Und glaube mir, hier läßt es sich leben. Das habe ich schon gemerkt ... Der Sanitäter ist ein alter Trottel. Außerdem säuft er, und weißt du auch, was? – Den medizinischen Alkohol – reinen Alkohol! Er verdünnt ihn mit Wasser. Mittlerweile ist er schon so weit, daß er betrunken ist, wenn er ihn nur riecht.«
»Wenigstens wird er dir dann keinen Ärger machen«, sagte Lin.
»Ärger? ... Mein liebes Kind, den Ärger mache fortan ich.« Sie trat zu einem der Verwundeten. Das linke Hosenbein war zerrissen und blutdurchtränkt.
»Zieh ihm die Hosen aus«, sagte Sithan mit unbewegtem Gesicht. »Sonst können wir nichts machen.«
»Ich ...?« fragte Lin und spürte, wie sie errötete. »Geht es nicht auch so? ... Ich meine ...«
»Stellst du dich immer so an? Nun, mach schon!«
Lin trat einen Schritt näher und zögerte wieder. »Ich meine, kann das nicht der Sanitäter machen? Wozu ist der überhaupt hier?«
»Der? ... Der hat Mühe, seine eigenen Hosen auszuziehen ... Na, dann laß mal! Ich mache es selbst. Aber wir können das linke Hosenbein auch abschneiden«, stellte sie fachmännisch fest. »Die Schere!« rief sie.
Der Sanitäter erschien mit einer Schere, und Sithan nahm sie ihm wortlos aus der Hand. Der Nachbar rückte zur Seite und sie kniete neben dem Verwundeten nieder. Er war bei Bewußtsein und öffnete die Augen vor Schreck, als er die Schere sah.
»Keine Angst, Genosse«, beruhigte sie ihn. »Wir schneiden das Bein nicht ab, nur die Hose.«
Es ging besser, als Lin befürchtet hatte. Sithan beugte sich

über das Bein und untersuchte die Wunde. Die Kugel hatte den Oberschenkel durchschlagen, ohne den Knochen zu verletzen.

»Eine harmlose Fleischwunde. Dazu brauchen wir nicht einmal auf den Arzt zu warten.«

Das Gesicht des Soldaten entspannte sich.

»Jetzt werden wir zuerst einmal die Wundränder reinigen«, erklärte sie fachmännisch. »Dann sieht alles nur noch halb so schlimm aus . . .«

Sie sprach unentwegt, während sie arbeitete, nicht anders als hätte sie eines ihrer Kinder vor sich. Lin hielt das Waschbecken, dessen Wasser sich schmutzigbraun färbte. Dann verband Sithan die Wunde. »Jetzt noch eine Spritze«, sagte sie schließlich. »Tetanus!« rief sie dem Pfleger zu.

»Nein, bitte nicht!« sagte der Soldat. »Keine Spritze, bitte.«

Der Pfleger machte Sithan verzweifelte Zeichen, und sie gingen in das Arzneimittelzimmer, das nichts außer einem Tisch und einem rohen Regal enthielt.

»Das ist Genossin Lin«, stellte Sithan vor. »Sie wird uns jetzt helfen, und das ist Genosse Lung Ho . . . Wir brauchen eine Spritze gegen Wundstarrkrampf.«

Der Pfleger schüttelte den Kopf. Er war ein dürrer, mägerlicher Mann, Ende vierzig, mit eingesunkenen Augen und der Angewohnheit, den Mund beim Sprechen schief zu ziehen.

»Kein Tetanus da«, sagte er mürrisch.

»Aber das gibt es doch nicht«, sagte Sithan ungläubig. »Kein Serum! Hast du je so etwas gehört?« wandte sie sich an Lin. »Die Leute werden wie die Fliegen wegsterben.«

»Wir hatten noch nie welches in diesem Lager«, sagte der Pfleger gleichgültig. »Am Anfang habe ich Serum angefordert . . . Jedesmal wenn der Arzt kam, habe ich welches verlangt. Aber der hatte selbst nichts . . . Dann ließen sie mich wissen, wenn ich mir nicht anderweitig helfen könne, sei ich unfähig . . .« Er hob die Augen. Ruhig, geduldig, verdrossen sah er Sithan an. »Sie sagten, ich sei ein Gegner der Revolution. Ich verrate die große Idee mit meinen defätistischen Forderungen.«

»Und von da an hast du dann geschwiegen«, stellte Sithan fest. Ihre dunklen Augen funkelten in einem humorig frechen Blick auf. »Habe ich recht? Ist es nicht so?«

Der Mann zuckte gleichmütig die Schultern. »Was hätte ich tun sollen? Hätte es irgendwem geholfen, wenn ich mich hätte erschießen lassen?« fragte er leise. »Mit Konterrevolutionären machen sie nicht viele Umstände . . . Außerdem wußte ich ja, daß sie kein Serum hatten. Sie haben keins, verstehst du? Darum konnten sie mir auch keins geben.«

»Aber was hast du den Verwundeten dann injiziert?« fragte Sithan. Sie hatte den Kiefer gespannt, während das matte, ungläubige Lächeln um ihre Mundwinkel spielte, das Lin so gut an ihr kannte. »Du hast doch injiziert, wie ich gesehen habe . . . Die leeren Ampullen lagen doch überall herum, als ich heute morgen anfing. Ich habe sie ja selbst weggeworfen! Soll ich sie dir wieder holen?«

Der Sanitäter starrte sie mit seinem ruhigen, geduldig verdrossenen Blick an, ohne zu antworten.

»Also was hast du gespritzt?« beharrte sie.

»Was da ist.«

»Sehr gescheit«, sagte sie sarkastisch. »Und was ist da? . . . O Buddha, so mach doch den Mund auf!« drängte sie. »Du meine Güte, so rede doch! Ich kriege es in jedem Fall heraus, wenn ich will.«

»Vitamin B1 . . .«, sagte er endlich. »Etwas anderes hatte ich nicht.«

»Wie? . . . Soll das heißen, daß du bei Lungenentzündung, bei Ruhr, bei Malaria, bei allem, was vorkommt, immer nur Vitamin B1 gespritzt hast?« fragte sie ungläubig. »Immer und immer nur Vitamin B1?«

Er nickte mürrisch. »Genau. Immer das gleiche, nur in verschiedenen Mengen«, erklärte er. »Ich habe die Dosis von Fall zu Fall variiert – und gute Erfolge damit erzielt . . . Jedenfalls war die Sterbequote in diesem Lager auch nicht höher als anderswo. Und an meinen Injektionen ist keiner gestorben.«

»Was sagst du dazu? Hast du so etwas schon einmal gehört?« rief die Frau. »Ist das nicht köstlich? Einmalig! . . . Na, das wird sich ändern. Das verspreche ich dir.«

»Was willst du tun?« fragte Lin.

»Das weiß ich noch nicht«, antwortete Sithan ruhig. »Es gibt doch eine Menge Kräuter, Gräser und Rinden gegen alle möglichen Krankheiten: schweißtreibende Tees, Tees, die das Fieber herunterdrücken, Mittel gegen Durchfall und Ruhr, auch gegen Malaria . . . Meine Mutter weiß da sehr viel mehr als ich. Ich werde mit dem Kommandanten sprechen. Er muß mir ein paar Frauen freistellen. Jedenfalls kann es so nicht weitergehen. Das ist eine unglaubliche Schlamperei.«

»Bist du sicher, daß das der richtige Weg ist?« murmelte Lin. »Ich könnte mir denken, daß der Kommandant recht empfindlich reagiert, wenn du in diesem Ton loslegst. In gewisser Weise beschuldigst du doch auch ihn damit.«

»Das ist mir egal!« sagte sie kurz angebunden. »Außerdem helfe ich den Frauen. Ich könnte mir denken, daß sie lieber auf Kräutersuche gehen als in die Zuckerrohrfelder . . . Meinst du nicht? Sie unterstehen dann uns. Und Wan kann ihnen helfen . . . Wie wir das im einzelnen organisieren, muß ich mir noch überlegen. Für heute ist es sowieso zu spät damit. Aber morgen! Morgen fangen wir an.«

Der Pfleger brachte eine Ampulle. »Soll ich? . . . Soll ich ihm einen Vitaminstoß geben, Genossin? Ich meine, schaden wird es sicherlich nicht«, sagte er ruhig auf seine fatalistische Art.

»Hör dir das an! Vitaminstoß! . . .«, lachte sie ergötzt. »Und schaden wird es sicherlich nicht, meint er. Hast du je so etwas Großartiges gehört?«

»Soll er nun? Oder soll er nicht?« Lin sah, daß der Pfleger das Ganze keineswegs für so lustig hielt.

»Na, klar!« rief Sithan. »Er soll. Wir tun alles, was nicht schadet und bald noch eine Menge mehr.«

Der Pfleger zog die Spritze auf und tappte davon. Lin nahm das Waschbecken wieder auf. »Ich denke, ich beginne jetzt erst einmal damit, sie zu waschen.«
Die Patienten dösten vor sich hin, einige murmelten gequält im Halbschlaf oder stöhnten vor Wundschmerzen. Man konnte nicht viel tun, sah sie. Vier der Genesenden spielten Karten. Sie würden in den nächsten Tagen entlassen werden und wußten es. Insgesamt befanden sich fünfzehn Patienten in dem Hospital, einige mit Hautkrankheiten und Dschungelgeschwüren, dann die Malariakranken und vier, die an einer Eingeweidekrankheit litten, die sie zu wahren Skeletten hatte abmagern lassen. Hinzu kamen die Verwundeten. Ihre Zahl hatte in den letzten zwei Wochen erheblich zugenommen, was nur bedeuten konnte, daß die Kämpfe häufiger geworden waren. Das Kampfgebiet rückte also näher. Möglicherweise würde das sogar irgendwann zur Verlegung des Lagers führen. Die Roten Khmer waren also auf dem Rückzug.
Während sie die Soldaten wusch, prüfte sie heimlich ihre Gesichter und stellte ein leises Unbehagen fest. Sie empfand es beinahe körperlich; und es erweckte ein leichtes Schuld- und Schamgefühl in ihr, als sie daran dachte, daß sie sie verlassen wollte, um sich zu retten. Jedesmal, wenn sie einer der Männer anblickte, fiel es ihr schwer, den Blick nicht abzuwenden. Die meisten hatten harte, über ihre Jahre hinaus gealterte Gesichter. Ihre Augen blickten leer; etwas wie Kälte und Abwesenheit lag in ihrem Ausdruck. In ihrer Gesamtheit waren die Soldaten zurückhaltend und steif, so als wollten sie zeigen, daß sie keine zusätzlichen Belastungen und Erregung mehr ertragen könnten. Die Farbe ihrer Haut war blaß, als fehlte es ihnen seit Jahren an Sonne. An den Armen und Beinen hatten sich eitrige Dschungelgeschwüre gebildet, die unerträglich juckten, so daß es durch das Kratzen zu weiteren Entzündungen kam.
Am späten Nachmittag brachte man einen Verwundeten in

das Hospital. Die Träger legten ihn auf ein hüfthohes Lattengestell und schlugen dann die Decke beiseite. Dunkle Blutstreifen hatten die Uniform verfärbt. Der Soldat lag mit geschlossenen Lidern in tiefer Bewußtlosigkeit.

»Er hat einen Bauchschuß«, erklärte einer der Träger. »Er muß sofort operiert werden.«

Sithan beugte sich über den Bewußtlosen und hob ihm die Lider an. »Was du nicht sagst, Genosse! Er muß operiert werden ... Und warum tust du's dann nicht? Du hättest gar nicht so lange warten brauchen. Los, wasch dir die Hände und fange an!« erklärte sie barsch.

»Ich bin kein Arzt«, sagte der Soldat.

»Und ich bin auch kein Arzt, falls du das noch nicht gemerkt haben solltest. Also was willst du?« Ihr Ton war ruppig, höhnisch. Aber dann sagte sie plötzlich ruhiger, in ihrer kurzangebundenen, rauhbauzigen Art: »Operieren, meinst du? ... Und wer soll das machen? Wir haben keinen Arzt. Ich weiß nicht einmal, wo er ist.«

»Er muß aber operiert werden«, beharrte der Mann. »Er wird sonst sterben.«

»Müssen wir das nicht alle?« Sie starrte ihn unter gerunzelten Brauen an. Was also willst du, Genosse? ... Ich bin kein Arzt. Ich kann's nicht! Ich kann's nicht!« behauptete sie verzweifelt. »Ich kann ihn nicht operieren. Niemand kann ihn hier operieren ... Nun nimm das doch endlich einmal zur Kenntnis, Genosse«, erklärte sie ernst. »Und selbst wenn der Arzt jetzt käme oder schon hier wäre, bezweifle ich sehr, daß er ihm helfen könnte ... Hast du dir die Verwundung einmal angesehen?«

Der Soldat schwieg.

Sie riß die Decke weg. »Dann sieh sie dir einmal an! Das war ein Explosivgeschoß ... Es hat ihm alles zerrissen. Da ist nichts mehr zu machen. Niemand kann ihn noch retten! ...«

Sie schwieg einen Augenblick und starrte den Soldaten an. Dann, als sie wieder sprach, war in ihrer Stimme die stillste,

allermüdeste Verzweiflung, der Lin je im Leben begegnet war.
»Ihn retten?« sagte sie. »Ihn kann niemand mehr retten ... nichts ... und niemand ... Wir alle können nur hoffen, daß er nicht mehr aus seiner Bewußtlosigkeit erwacht, denn wir haben keine Betäubungsmittel. Ich werde die Nacht über bei ihm bleiben.«
»Nein«, sagte Lin. »Das mache ich!«
Die Soldaten drehten sich um und rückten ab. Nur der Sprecher blieb noch eine Minute zurück und starrte auf den Verwundeten.
»Du warst befreundet mit ihm?« fragte Sithan.
Der Mann nickte. »Vier Jahre waren wir zusammen«, murmelte er. »Vier Jahre ... Jetzt mußte es ihn erwischen ...«
»Wie ist es passiert?«
Er zuckte die Schultern. »Wir waren auf dem Rückmarsch. Wir marschierten in einer weit auseinandergezogenen Reihe. Plötzlich waren sie über uns. Sie hatten uns überholt und einen Hinterhalt gelegt. Sie waren dreimal so stark wie wir. Es war aussichtslos«, murmelte er.
»Wie weit war das von hier entfernt?« forschte sie.
»Zwanzig Kilometer ... Vielleicht auch dreißig ...«
Sithan wechselte einen Blick mit Lin.
»Dann wird es möglicherweise auch hier in den nächsten Tagen zu Kämpfen kommen?«
»Möglich. Aber warum willst du das wissen?«
»Na, hör mal, Genosse!« protestierte sie. »Schließlich haben wir doch hier die Verantwortung. Sollen sie uns wie die Hasen überraschen? Falls das Lager verlegt werden sollte, müssen wir doch Vorbereitungn treffen, meinst du nicht?«
»Du wirst rechtzeitig deine Befehle erhalten. Taktische Umgruppierungen sind immer wieder notwendig im revolutionären Freiheitskampf.«
»Selbstverständlich. Ganz klar. Das ist doch das Einmaleins der Revolution.«

Er starrte sie aus übermüdeten Augen an, und sie erwiderte den Blick. Er zog die Schultern hoch und wandte sich ab, ohne zu grüßen. Sie sahen ihm nach, wie er, die Maschinenpistole am langen Riemen, durch das Hospital schritt. Da er sich beobachtet fühlte, hielt er sich gerade. Mit Schwung warf er die Tür hinter sich zu.

»Hast du das gehört?«, flüsterte Sithan. »Es steht nicht gut um unsere Beschützer . . . Sie ziehen sich nach Norden zurück. Taktische Umgruppierungen im Revolutionären Freiheitskampf! Daß ich nicht lache! Weißt du, was das wirklich bedeutet?«

»Ich glaube schon«, sagte Lin ruhig. »Sie gehen tiefer in den Dschungel. Sie können sich hier nicht mehr halten.«

»Genau das ist es«, sagte Sithan ernst, ganz ohne Ironie. »Was meinst du, werden sie hier das Lager auflösen?«

In Lins Hoffnungen mischten sich Zweifel. Wie würde sich der Rückzug auf ihre eigenen Fluchtabsichten auswirken? War es besser, jetzt zu fliehen, um damit einen gewissen Vorsprung zu erlangen? Oder sollte sie die allgemeine Verwirrung, die es beim Rückzug geben mußte, abwarten? Jede Entscheidung konnte falsch sein. Es war sogar möglich, daß die Viets plötzlich mitten zwischen ihnen auftauchten und alles zusammenschossen.

»Bestimmt werden sie das Lager auflösen«, sagte Sithan überzeugt. »Und zwar schon sehr bald. Damit kannst du fest rechnen.«

Lin nickte.

»Und was willst du nun tun?«

»Ich weiß es noch nicht . . . Ich weiß es einfach nicht.«

»O Buddha, was für ein Leben«, sagte die Frau plötzlich ganz still. »Was ist nur mit dieser Welt, daß wir einander so etwas antun! . . . Ich denke und denke – ich komme nicht dahinter. Ich begreife das einfach nicht . . .«, gestand sie. »Ist dir noch nicht aufgefallen, daß der Haß, die Furcht und das Leid von Leuten ausgehen, die behaupten, das Beste für alle zu wollen –

nicht etwa von Verbrechern, sondern vielmehr von Leuten, die gerade genug mitbekamen, um eine Schau vom irdischen Paradies gehabt zu haben, wie kurz und brüchig das Bild auch gewesen sein mag . . . Schrecklich«, flüsterte sie. »Ganz, ganz schrecklich.«
Sie schwieg eine Weile und blickte auf die leeren Regale in dem dämmrigen Raum.
»Also wenn du fort willst, solltest du nicht mehr lange warten«, flüsterte sie.
»Und du? Was machst du?«
»Ich bleibe hier. Ich gehe mit ihnen nach Norden . . . Ich bleibe ihnen treu.« Das leise, harte Lächeln um ihren Mund wurde ein wenig deutlicher. »Weil ich keine andere Wahl habe . . .«
»Ich wollte, du kämst mit«, sagte Lin. »Zu zweit würden wir es schaffen. Da bin ich sicher.«
»Kann sein . . . Kann sein, daß wir es schaffen würden. Ja, gewiß sogar«, sagte sie leise, aber mit einer unverkennbaren Überzeugtheit in der Stimme. »Es gibt sogar nichts, was ich lieber täte.«
Lin starrte sie an. »Und warum tust du's dann nicht? Warum kommst du nicht mit? Wir gehen zusammen!« Das waren verrückte Worte, sie wußte es, aber als sie sie sprach, glaubte sie alles, was sie sagte. »Hör doch! Du kommst mit!«
»Nett, daß du das sagst. Wirklich nett, und es tut gut, es zu hören. Aber es geht nicht.« Sie schüttelte langsam, fast unmerklich den Kopf. »Und was wird mit meiner Tochter? Mit zwei Kindern können wir nicht fliehen. Sie ist erst vier . . . Und dann meine Eltern! Was glaubst du, was sie mit denen machen würden, wenn sie erst merkten, daß wir geflohen sind?«
»Die Tochter nimmst du mit!« drängte Lin verzweifelt. »Was könnten sie mit deinen Eltern schon anstellen! Es sind alte Leute.«
»Gerade darum«, sagte Sithan. »Glaubst du, ich könnte es

mir jemals verzeihen, wenn ich sie im Stich ließe? Glaubst du das wirklich? . . . Nein, nein! Ich bleibe hier. Selbst wenn mir die Flucht gelänge, ich müßte immer an sie zurückdenken . . . Ich könnte nie mehr glücklich werden«, behauptete sie mit einer ruhigen Endgültigkeit in der Stimme, die alle Einwände sinnlos machte.

Lin nickte.

»Nimm den Jungen mit«, sagte die Frau nach einer Weile. »Ich weiß nicht, ob wir noch einmal ungestört miteinander sprechen können, aber darauf kommt es auch nicht an . . . Du bist jung. Du kannst noch einmal ein neues Leben anfangen. Du wirst es schaffen. Das glaube ich sicher . . . Sorge für den Jungen. Er braucht dich . . . Und denke auch einmal an mich, bitte! Ich werde dich nicht vergessen . . .«

Und ehe Lin etwas sagen konnte, war sie gegangen.

7.

Um Mitternacht hatte Lin die Wache in dem Tunnel übernommen. Jetzt war es zwei Uhr morgens, und sie war noch nicht zur Ruhe gekommen. Es brannte nur die schirmlose Birne im Raum, durch eine Zeitung etwas abgedunkelt, und wie tagsüber war es drückend heiß und feucht. Der Schweiß lief ihr in Strömen über das Gesicht, und die Bluse, in der Nässe fast durchsichtig, klebte ihr auf der Haut.

Die Hälfte der Zeit hatte sie mit Wasserholen und Teekochen zugebracht. Die Fieberkranken hatten ständig aufs neue zu trinken verlangt. Vielleicht war es falsch, ihnen immer wieder Tee zu geben; aber mit fortschreitender Erschöpfung war ihre Widerstandskraft geschwunden, und sie hatte es nicht gewagt, ihnen das Trinken zu verweigern. Als Sithan sie um Mitternacht weckte, hatte sie noch halb geschlafen und zu den Anweisungen einfach genickt, ohne sie wirklich zu ver-

stehen. Nun war es zu spät, um noch einmal nachzufragen. Möglicherweise hatte sie alles falsch gemacht.
Inzwischen war es etwas ruhiger geworden. Die meisten Patienten hatten die Augen geschlossen, aber nur wenige schliefen wirklich. Einige stöhnten, aber dagegen konnte sie nichts tun. Es gab keine schmerzstillenden Mittel.
Vor einer Viertelstunde war der Schwerverwundete erwacht, und Lin hätte heulen können vor Erbitterung und Verzweiflung. Sie konnte ihm nicht helfen, und nichts, was sie auch tat, konnte ihm die geringste Erleichterung bringen. Nun stand sie schon das dritte Mal vor seinem Graspolster und blickte auf ihn hinab. Sein Gesicht war spitz und fahl, das Gesicht eines Sterbenden. Von einer Schmerzenswelle zur anderen trug es ihn empor. Er stöhnte und murmelte Unverständliches. Dabei warf er den Kopf von einer Seite zur anderen. Als er die Beine anzuziehen versuchte, schrie er auf.
»Laßt mich los! Laßt mich los, ihr verdammten Schweine! Laßt meine Beine los! Ihr sollt mich nicht fesseln ...«
Er phantasierte und sah sich wieder auf dem Weg ins Lager. Wahrscheinlich hatten ihn die Träger unterwegs fesseln müssen, um zu verhindern, daß er ihnen von dem primitiven Lattengestell rutschte. Nun fluchte er und beschimpfte sie.
Lin beugte sich über ihn und fuhr ihm mit dem angefeuchteten Zipfel des Handtuches über die Lippen.
»Beruhige dich doch, Genosse«, sagte sie sanft. »Du mußt dich ruhig verhalten, sonst wird deine Wunde niemals heilen können.«
»Laßt mich los! Ihr sollt mich loslassen, verdammt noch mal!« brüllte er mit hochgerecktem Kopf in die nächtliche Stille. Die Anstrengung erschöpfte ihn, und er fiel auf das Graspolster zurück. »Alles voller Wasser ...«, murmelte er nach einer Weile. Sein Gesicht nahm einen lauschenden Ausdruck an, als erwartete er ein Kommando. Dann kicherte er und drückte sich tief in das Polster. Sekunden später brüllte er: »Vorwärts, Genossen! Rascher! Sie haben uns überholt.«

»Du mußt dich ruhig verhalten«, mahnte sie, dem Weinen nahe. Sie strich ihm über die Wangen. »Du brauchst keine Angst zu haben, Genosse, ich passe auf dich auf.«
»Ja . . . Ja . . .« Etwas Blut rann aus seinem Mund. Er lag bewegungslos, und sie wischte es weg.
»Wo bin ich? Sind wir durchgekommen? . . .« flüsterte er.
»Du bist im Hospital«, sagte Lin leise. »Es ist alles in Ordnung«, versicherte sie ihm und wußte, daß nichts jemals wieder in Ordnung sein würde, daß alles umsonst und vergeblich war und es keine Sicherheit mehr für ihn gab, außer der Gewißheit des Todes. »Versuche, etwas zu schlafen.«
»Sie haben mich erwischt, die Hunde, die elenden Hundesöhne . . .«, flüsterte er. Schmerz und jähe Furcht malten sich auf seinem Gesicht. Er begann, leise zu schluchzen, ohne sich dessen bewußt zu werden. »Wir müssen durchhalten«, murmelte er. Seine Hand fuhr unter die Decke, als er sie wieder hervorbrachte, war sie blutig. Er hielt sie dicht vor das Gesicht.
»Was ist geschehen? . . . Alles voller Blut.«
Er vergaß die Frage wieder. Seine Furcht schwand, eingelullt von Lins Hand. Plötzlich lächelte er. »Wo hast du die Puppe her, Ky?« fragte er.
»Du hast ein Töchterchen«, sagte Lin. »Heißt sie Ky?«
Er hörte sie kaum und schien von einer endlosen Reise zurückzukommen. »Wer ist da?« fragte er.
»Wie sieht denn deine Tochter aus?«
»Sie ist ein richtiger kleiner Teufel«, sagte er. »Sie gibt keine Ruhe. Immer setzt sie ihren Willen durch.« Er verzog das Gesicht zu einem schwachen Lächeln. »Dabei ist sie erst zwei Jahre . . . Nur gerade zwei Jahre.«
Der Schmerz in seinem Leib wuchs wieder an. Keuchend lag er da, völlig den Anforderungen seines Körpers hingegeben wie eine Frau in den Wehen. »Oh-h-h«, stöhnte er heiser.
»Hast du noch andere Kinder?« Sie strich ihm mit einer leisen, zärtlichen Bewegung über die Stirn.

Doch er hörte sie schon nicht mehr. Er war plötzlich nur wieder mit seinen Schmerzen beschäftigt und kämpfte mit einer wilden, fast hysterischen Verzweiflung dagegen an. Er klagte und jammerte und tauchte in Bewußtlosigkeit unter.
Lin fuhr fort, ihm über die Stirn zu streichen. In der halben Dunkelheit schienen ihre Finger mit seinem Gesicht in eins überzugehen. Seltsame Ströme arbeiteten in ihr. Ohne es zu merken, zuckte sie zur gleichen Zeit mit ihm zusammen, als sei sie nichts weiter als ein freiliegender Nerv, der auf fremde Impulse reagierte.
Doch es dauerte nicht. Ein Geräusch ließ sie aufblicken. Der Major stand unter der Tür. Sein Haar war nur oberflächlich gekämmt und das Gesicht vom Schlaf gerötet. Geblendet blinzelte er in das Licht.
»Alles in Ordnung?« fragte er.
»Selbstverständlich, Genosse.« Es war ihr plötzlich klar, daß der Kommandant aus Sorge über das Lager aufgewacht war, und es freute sie.
»Ich hörte Stimmen«, sagte er.
»Es ist der Verwundete mit dem Bauchschuß.«
Er trat näher und warf einen Blick über die Liegenden.
»Wie geht es ihm?«
»Schlecht«, sagte sie. »Im Augenblick ist er bewußtlos. Aber er hat schreckliche Schmerzen, sobald er erwacht.«
»Klar«, sagte er und gähnte. »Wird er durchkommen?«
Sie schüttelte stumm den Kopf.
»Aussichtslos«, sagte sie leise. »Zum Glück ist er die meiste Zeit ohne Bewußtsein.«
»Kunststück bei diesen Verletzungen«, murmelte er gleichgültig. »Hätte besser aufpassen müssen. Wer im Dschungel schläft, muß mit Überraschungen rechnen.«
»Er schlief nicht«, warf Lin ein. Der kalte arrogante Ton des Mannes reizte sie.
»Wie?«
»Ich sagte, er schlief nicht«, erklärte Lin. »Er war auf dem

Marsch. Seine Einheit wurde von den Viets überholt und aus dem Hinterhalt überfallen ...«

»Woher willst du das wissen?« fragte er scharf.

»Er sprach in seinen Fieberphantasien davon ... Es beschäftigt ihn unentwegt.«

»Da hast du's, Genossin! Fieberphantasien ...« Er rieb sich das Kinn. »Sie sind blind wie die Maulwürfe durch den Dschungel marschiert.«

»Wahrscheinlich waren sie seit langem unterwegs, müde, hungrig und überanstrengt ...« Lin empfand die Kühle und Schärfe ihrer eigenen Worte. Ihre Beine waren schwach vor Zorn. Der Raum schien nur noch von Hitze erfüllt zu sein, die sie fast erdrückte. Das Stöhnen und Murmeln der Männer rieb wie eine Feile an ihrem Gehirn.

Der Kommandant wandte sich überrascht zu ihr um, starrte sie über die Graspolster an, die sie voneinander trennten. Der Schweiß stand ihm in dicken Tropfen auf der rotgefleckten Nase. Einen Augenblick war er im Zweifel, ob diese Bemerkung freundlich gemeint war oder nicht, auf alle Fälle aber ärgerte ihn der darin enthaltene leichte Verstoß gegen die Disziplin.

»Der revolutionäre Kampf fordert wohl von uns allen das Äußerste an Anstrengung.«

Lin zögerte und versuchte, es in Grenzen zu halten. Plötzlich wurde ihr bewußt, daß fast alle Kranken sie anstarrten.

»Gewiß«, sagte sie ruhig. Ihr Herz klopfte rasend vor Angst, in die sich etwas wie Neugier mischte, was ihr wohl widerfahren würde; Erschießung vielleicht?

Der Kommandant zeigte ein mattes Lächeln, das nicht bis zu den Augen reichte. Er hatte beschlossen, die Bemerkungen als Scherz zu nehmen.

»Nur im Nachhinein nutzt uns das allen sehr wenig, Genossin.«

Sie blickte ihn an, ohne das Lächeln zu erwidern. Sie biß sich auf die Unterlippe. Es war mehr als töricht, ihn durch weitere

Herausforderungen zu reizen, wußte sie. Er hatte ihren Bemerkungen die Schärfe genommen, und der gesunde Menschenverstand riet ihr, es dabei zu belassen. Was änderte es schließlich, wenn sie sich den Mann zum offenen Feind machte?
Sie nickte kaum merklich.
»Gut.« Erneut erschien das matte, unpersönliche Lächeln. »Aber deswegen bin ich nicht gekommen.« Seine Stimme klang nun etwas müde und besorgt. »Wo können wir ungestört miteinander sprechen?«
Sie deutete auf den Medikamentenraum. »Vielleicht dort.«
Er schritt voran, zog aber dann die Tür hinter sich zu.
»Ich erhielt eine Nachricht über Funk.«
Er sprach gleichmütig, als ob es ihn nicht betreffe.
»Sie kam direkt aus der Nachrichtenzentrale des Hauptquartiers.« Diese Erklärung war unnötig. Der Kommandant ist bestürzt, stellte sie fest.
Als habe er ihre Gedanken erraten, lächelte er plötzlich und zog eine Schachtel Zigaretten aus der Tasche.
»Rauchst du, Genossin? Es sind chinesische ... Nicht dieses wüste Kraut, das sie jetzt bei uns herstellen.«
Er hielt ihr die Schachtel entgegen. Gegen ihre Überzeugung nahm sie eine Zigarette. Sie hatte seit ihrer Flucht nicht mehr geraucht, und es hatte sie keine Überwindung gekostet, darauf zu verzichten; aber sie wollte ihn jetzt nicht erneut verärgern.
Er gab ihr Feuer. Kamen die Zigaretten aus China, so stammte das goldene Feuerzeug aus den USA, stellte sie fest. Er hatte ihren Blick bemerkt.
»Gefällt es dir?« Er kicherte wie ein Schuljunge. »So etwas können sie dort«, sagte er genießerisch. »Na, das werden wir nach dem Sieg auch noch hinkriegen.«
Sein Blick hing an ihrer schweißnassen Bluse, die ihr auf der Haut klebte. Unwillkürlich trat sie einen Schritt zurück. Es war ihr peinlich, ihn so dicht vor sich zu haben.

»Wir räumen das Lager«, sagte er unvermittelt.
»Wann?« fragte sie und sog den Rauch tief in die Lungen. Das war die Nachricht, auf die sie gewartet hatte. Sie brauchte plötzlich alle Kraft, um unbeteiligt zu erscheinen.
»Wir beginnen morgen mit dem Abtransport der wichtigsten Dinge. Aber die Räumung wird mehrere Tage dauern.«
Sie nickte, als seien solche Probleme nichts Ungewöhnliches für sie.
»Selbstverständlich werden wir eines Tages zurückkehren«, sagte er. »Aber im Augenblick gebietet es die taktische Lage, vor dem Druck der verräterischen Viets zurückzuweichen. Du kennst sicher Maos Schriften und was er dort über die Regeln des patriotischen Kampfes sagt ... Genau in dieser Situation befinden wir uns jetzt.«
Sie hatte nur die oberflächlichsten Kenntnisse von Maos Werken, aber sie nickte.
»Weswegen ich nun gekommen bin ...« Er zögerte und sah sie an. »Es geht um die Hospitalinsassen. Ich brauche eine Aufstellung der Kranken und Verwundeten, gegliedert nach Marschfähigen, Transportfähigen und solchen, die zurückbleiben müssen.«
»Ich verstehe«, sagte sie nach einem Augenblick.
»Ich brauche die Liste bald für den Fall, daß der Arzt nicht kommt. Er hat sich zwar für morgen früh angekündigt, aber es ist durchaus möglich, daß er sich verspätet.«
»Ich verstehe.«
Er zögerte und sah sie an. Plötzlich lächelte er.
»Es wäre schön, wenn du die Aufstellung persönlich bringen würdest.«
Sein Blick wanderte über ihre Bluse. »Ich könnte mir denken, daß es auch sonst einiges zwischen uns zu besprechen gäbe. Wie denkst du darüber, Genossin?«
»Sicher«, sagte sie mit trockenen Lippen.
»Wir verstehen uns also.« Er rieb sich das schweißfeuchte Kinn und machte auf dem Absatz kehrt.

8.

Als Lin das Hospital erreichte, war es neun Uhr vormittags. Ihre Ablösung war um sechs gewesen, und sie hatte nur gerade drei Stunden schlafen können. Wider Erwarten war der Arzt pünktlich gekommen und hatte die Visite bereits begonnen. Er war ein kleiner, dicker, sorgenvoll dreinblickender Mann mit vorzeitig ergrautem Haar und silberumrandeten Augengläsern.
Er schritt, gefolgt von dem Kommandanten, Sithan und dem Pfleger, durch die Reihen.
Der Major deutete auf einen Soldaten, der die Visite mit angstgeweiteten Augen verfolgte.
»Wie steht es mit ihm? Können wir etwas tun?«
Der Pfleger hob die Decke, der Arzt trat drei Schritte vor und kniete nieder.
Der Soldat zitterte, seine Hände krampften sich um den Grassack.
»Was fehlt ihm?«
»Wir mußten ihm im vorigen Monat den Fuß amputieren, aber die Wunde will nicht heilen. Jetzt ist auch das Bein angegriffen«, erläuterte der Pfleger.
Der Unterschenkel steckte in einem verschmutzten, durchbluteten Verband, der schon vor einer Woche hätte erneuert werden müssen.
Darüber hatte sich das Fleisch verfärbt. Es zeigte bläuliche Flecken und Stauungserscheinungen.
»Nimm den Verband ab!« befahl der Arzt, der die Streifen eines Obersten trug.
Der Pfleger schnaufte vor Eifer und Anstrengung.
Der Verband war verklebt, und so holte er die Schere. Er schnitt und riß, nicht anders, als trenne er ein Hemd auf, bis schließlich der rosafarbene, mit Blutfasern durchzogene Stumpf erschien.

»Wer hat die Amputation vorgenommen?«
»Ich«, gestand der Sanitäter.
»Du? Bist du von Sinnen? Mensch!«
»Es war niemand sonst da, und er wäre verblutet ... Der Fuß war ein einziger Matsch.«
Der Arzt starrte auf die schlecht verheilte Wunde, in der der Eiter schwamm. Er schwieg und atmete schwer. Die übermüdeten, rotgeäderten Augen in dem schwammigen, schlecht rasierten Gesicht hatten einen hilflosen Ausdruck.
»Brand«, sagte er. »Das Bein ist brandig geworden ... Wie konnte das passieren, zum Teufel!« Er betastete den Schenkel, drückte hier und dort, wobei er den Soldaten nicht aus den Augen ließ. Als seine Finger das Knie erreichten, stöhnte der Verwundete vor Schmerz auf.
Der Arzt erhob sich schwerfällig und wischte sich die Hand am Hosenbein ab. Dann blickte er den Major zornig an, mit einem plötzlichen heftigen Ärger schlug er die rechte Faust in die offene Linke. Als er dann wieder sprach, hatte seine Stimme einen ruppigen, fast bösartigen Ton.
»Er muß noch einmal amputiert werden«, raunzte er. »Dem Mann muß das Bein bis zum Knie amputiert werden.«
Der Kommandant machte einen Schritt auf den Arzt zu. »Wie lange haben wir noch Zeit damit, Genosse Oberst?«
»Zeit? ...«, schnappte er. »Zeit haben wir überhaupt nicht mehr ... Heute! Sofort! Das Bein muß sofort amputiert werden.«
»Und kannst du das durchführen, Genosse Oberst?«
Der Arzt kratzte sich den Kopf. »Ich bin kein Chirurg.« Er fummelte in den Taschen seiner Uniformbluse, zerrte die Schachtel hervor und pappte sich eine Zigarette auf die dicke Unterlippe. Während er die Zigarette anzündete, musterte er den Soldaten mit einem brutalen, dennoch irgendwie gutmütigen Blick.
»Wie gesagt, ich bin kein Chirurg, aber ich kann es versuchen.«

»Wann?«
»Jetzt. Heute! Sofort im Anschluß an diese Visite«, rief er. »Wir haben ja keine Zeit mehr. Oder?« Er rauchte heftig. »Da ist nichts aufzuschieben.«
»Die Genossen werden deine Befehle entgegennehmen«, sagte der Major. »Sie stehen zur Verfügung und werden alle Hilfe leisten.«
Der Arzt tappte weiter, starrte auf zwei Malariakranke hinab. »Sumpffieber«, diagnostizierte er. »Chinininjektion ... Das wird ihnen wieder auf die Beine helfen«, brummte er.
»Es ist kein Chinin da«, mischte sich Sithan ein. »Nicht eine einzige Ampulle.«
»Was? ... Keine Ampulle? Wer sagt das?« bellte er.
»Ich«, sagte Sithan, drängte sich vor und sah ihn begierig an. »Es ist nichts da. Schon seit Monaten nicht mehr.«
Der Arzt blieb stehen und starrte sie mit seinen rotgeäderten Augen an.
»Ich weiß«, sagte er. »Es fehlt viel ... Ein paar Ampullen habe ich in meinem Gepäck. Ich gebe sie dir, Genossin ... Mehr kann ich auch nicht tun.«
»Wir haben kein Penicillin, kein Chloroform ... Nur Vitamin B1. Ich könnte uns allen sofort eine Injektion machen, Genosse ... Seit Wochen wird hier alles mit Vitamin B1 kuriert.« Lins Stimme klang ruhig, aber ein zynischer Humor, dreist, grob, ein wenig wütend, war im Ton.
»Auch noch witzig dabei, wie?« fragte er dickzüngig. »Na, schön.« Er machte eine abfällige Bewegung. »Ich werde noch einmal in meiner Tasche nachsehen.«
Er warf die Zigarette auf den Fußboden und trat sie aus.
Sie schritten weiter, von Lager zu Lager. Trotz seines Äußeren war er kein schlechter Arzt, merkte Lin. Seine Fragen kamen präzise, meist traf er die Diagnose nach kurzem Hinschauen.
Den Schwerverwundeten sah er überhaupt nicht an. Sein Fall war hoffnungslos. Lin fühlte sich wie betäubt. Sie hatte

Kopfschmerzen und ihre Beine wirkten wie taub. Der Kommandant hatte sie heute mit keinem Blick beachtet.

»Also dann heute nachmittag. Punkt zwei Uhr . . .« Der Arzt blickte dumpf auf. »Zwei Uhr operieren wir.«

»Niemand von uns hat eine Uhr, Genosse«, sagte Sithan und funkelte ihn an. »Vielleicht kann uns dann irgendwer rufen.«

Statt einer Antwort zog er die massigen Schultern hoch und ließ sie wie ratlos sinken. »Ziemlich freches Mundwerk, Genossin«, meinte er schließlich und blickte auf den Soldaten unter sich, das schwammige, brutal gutmütige Gesicht war fleckig in dem schwachen Licht. »Damit wirst du's weit bringen in diesem Land . . .«

Dann entschied er: »Wir operieren sofort – in einer Viertelstunde.«

Der Kommandant nahm den Arzt am Arm, und sie schritten zum Ausgang. Lin wußte, daß in diesen Minuten über das Schicksal der Verwundeten und Kranken entschieden wurde.

Die Amputation fand in dem Arzneimittelraum statt. Während der Vorbereitungen war der Soldat bei vollem Bewußtsein. Er sah die Knochensäge ebenso wie alle Beteiligten. Erst kurz vor dem eigentlichen Beginn nahm der Arzt die örtliche Betäubung vor. Sithan assistierte und fing das Stück Bein auf. Ihr war keine Gemütsbewegung anzumerken. Welch eine Frau! Sie warf es in den Abfallkorb, nicht anders, als sei es ein Scheit Holz.

Während der neue Verband angelegt wurde, war der Patient noch unter der Wirkung der Narkose. Der Arzt wusch sich die Hände mit Bleichlauge, dem einzigen Desinfektionsmittel, das zur Verfügung stand. Er reinigte Säge, Skalpell und die Zangen. Dann wandte er sich an Lin.

»Du mußt jetzt bei ihm bleiben, bis er wieder voll bei Bewußtsein ist. Wenn er Erstickungszeichen erkennen läßt, öffnest du ihm sofort den Mund und ziehst die Zunge heraus. Klar?« Er starrte sie an. »Und keine Angst, er beißt nicht.«

Lin nickte. »Wie lange werde ich bei ihm bleiben müssen?«

»Wie kann ich das wissen!« brummte er verärgert. »Was erwartest du noch von mir, Genossin? ... Ich bin kein Hellseher und kein Wundertäter ... ah-h«, schnaufte er verdrossen. »Die Menschen sind alle gleich ... Sie wollen Wunder ... unter einem Wunder tun sie's nicht.« Er wandte sich an Sithan. »Und jetzt der Schulterschuß! Für ihn keine Narkose.«

Es zeigte sich, daß das Geschoß durch die ganze Schulter gedrungen war. Die Extraktion gestaltete sich jedoch weniger schmerzhaft, als alle befürchtet hatten. Nachdem er den Tampon in die Wunde eingelegt und einen festen Verband gemacht hatte, sagte er zu dem Soldaten:

»Schon vorbei, mein Sohn. War eine ganz einfache Sache ... In einem Monat hast du alles vergessen. Du kannst sogar marschieren. Schließlich marschierst du ja nicht mit der Schulter, nicht wahr?«

Das weiße Gesicht des Soldaten verzog sich zu einem Lächeln.

»Und wie steht es mit dem Bauchschuß?« fragte Sithan, die offenbar niemals aufgab.

»Nichts zu machen«, murmelte der Arzt. »Hat keinen Zweck. Erledigt. Laß ihn in seinen Träumen!«

Er starrte eine Minute reglos auf den Sterbenden, dann wandte er sich schmerzlich grunzend ab, tappte den Gang zwischen den Graspolstern entlang auf die Treppe zu und die Stufen empor.

9.

Am Nachmittag begann die Räumung des Lagers. Zuerst rückten die Kranken und Leichtverwundeten ab. Soldaten rannten hin und her. Offiziere brüllten Befehle. Nun trieb

man auch die Zivilisten zusammen. Alle wurden an langen Bänken und Tischen vorbeigeschleust, auf denen Reis und Bananenbüschel lagen.
»Alle fassen Verpflegung für achtundvierzig Stunden«, rief ein Leutnant immer wieder. »In einer Viertelstunde ist Abmarsch.«
Lin stand neben Sithan im Tunneleingang. Unter dem Feigenbaum waren die Soldaten in Dreierreihen angetreten. Die Unteroffiziere kontrollierten Waffen, Ausrüstung und Verpflegung und meldeten dann dem Kommandanten. Die Tragbahren, die auf Befehl des Arztes aus dünnen Palmstämmen gefertigt worden waren, standen in einer Reihe neben dem Tunneleingang. Die Verwundeten reckten die Köpfe, um den Abmarsch zu beobachten.
Lin stand neben Sithan. »Wann brechen wir auf?« fragte sie.
»Wir bilden den Schluß, um den Marsch der Truppen nicht aufzuhalten. Eine letzte Gemeinheit des Kommandanten.« Sithan grinste matt, schüttelte den Kopf und sagte: »Das hat er sich wieder fein ausgedacht. Wenn die Viets welche schnappen, werden es die Verwundeten sein, dann wir und die alten Leute, zusammen mit den Kindern . . . Mit uns verliert er am wenigsten.«
»Glaubst du, daß die Viets noch weit sind?«
»Bestimmt nicht.«
»Weiß deine Mutter Bescheid?«
Sithan nickte. »Sie hält sich mit Wan am Ende des Zuges auf. Wenn du winkst oder rufst, schickt sie ihn sofort zu dir. Du kannst dich auf sie verlassen . . .«
»Ich weiß gar nicht, ob er überhaupt bei mir bleiben will«, flüsterte Lin. »Die letzten Tage habe ich mich kaum um ihn kümmern können. Er war die ganze Zeit mit deiner Mutter zusammen, und Kinder vergessen schnell . . .«
»Aber, aber!« meinte sie überrascht. »Dabei lag er meiner Mutter den ganzen Tag in den Ohren – fragte, drängte, bettelte, weil er zu dir wollte. Rede dir da nur nichts ein! Er hat

dich so wenig vergessen, wie ich dich vergessen werde ... Übrigens, da wir gerade allein sind: Wenn du meinen Rat annimmst, machst du dich heute mit dem Einbruch der Dunkelheit davon. Wer weiß, was sich hier noch alles in den nächsten Stunden abspielt.«

Lin nickte. »Schade, daß du nicht mitkommst. Wirklich schade! ... Willst du es dir nicht noch einmal überlegen? Ich werde dich vermissen.«

»Oh!« machte sie langsam. »Wirst du das?« Sie sprach so leise, daß Lin sie kaum verstehen konnte. »Da frag ich mich aber wie lange?«

»Immer«, sagte Lin kläglich. »Du wirst mir mehr fehlen als irgend jemand sonst auf der Welt. Und das weiß ich nicht erst seit heute.«

»Immer, sagst du? ... Das ist lang, wenn man so jung ist wie du«, sagte sie.

»Aber ich meine es so. Ich werde dich nicht vergessen, so lange ich lebe. Ich kann es einfach nicht fassen, daß wir uns jetzt trennen müssen.«

»Du kennst die Gründe. Ich brauche sie nicht zu wiederholen. Es hat sich nichts geändert«, sagte sie. »Aber es ist nett, daß du noch einmal gefragt hast«, flüsterte sie hastig und blinzelte plötzlich. »Ich werde dich auch nicht vergessen, und ich hoffe wirklich, du denkst gelegentlich einmal an uns zurück, die wir hier begraben und verloren sind ... O Buddha, wie schön das sein muß zu wissen, daß man jung sein kann, ohne Furcht haben zu müssen, ohne Hunger und nackte Not, daß man nicht in dieser grausamen Art abhängig ist und daß es immer wieder einen Tag für einen gibt, den man auch zu Ende leben darf.« Lin sah, daß ihre Augen feucht waren. »Ich frage mich, ob sie draußen in der Welt überhaupt wissen, wie gut's das Schicksal mit ihnen gemeint hat.«

Der Pfleger kam mit einem Stapel Decken, die er über der Schulter trug, warf ihn auf den Boden und verteilte die Decken an die Kranken und Verwundeten.

»Siehst du das?« sagte Sithan. »Jetzt haben sie sogar Decken.«
»Alles bereit?« fragte der Pfleger. »Sobald die Träger da sind, rücken wir ab. Sie helfen noch beim Räumen der Vorräte.« Er blickte einigen Soldaten nach, die, jeder eine Kiste auf der Schulter, über den Lagerplatz kamen und im Tunnel verschwanden.
»Ich denke, wir räumen«, sagte Sithan mit einem mißtrauischen Blick auf die Soldaten, »aber die tun doch das Gegenteil.«
Der Pfleger wirkte verlegen. »Ich weiß es nicht, Genossin. Aber sie handeln auf Befehl des Kommandanten, nehme ich an.«
Eine Viertelstunde später verließen sie im Gänsemarsch das Lager und betraten den schmalen Fußpfad, der in den Dschungel mündete. An der Spitze marschierten die Soldaten, zwischen sich die Träger mit den wichtigsten Vorräten, ihnen folgten die Zivilisten. Wan trottete neben Sithans Mutter. Sie führte ihn an der Hand und hatte ihm den Beutel auf den Rücken gebunden. Einmal drehte er sich um und winkte. Also hatte er sie nicht vergessen! Er trug noch ein Bündel Bananen unter dem freien Arm und in der Hand etwas, das aussah wie ein Spielzeug. Aber das war natürlich Unsinn. Wie sollte er in diesem Lager zu einem Spielzeug kommen?
Lin hielt sich einige Meter hinter ihnen. Sie hatte sich den Beutel bis obenhin mit Reis gefüllt und zudem noch eine Decke darübergebunden. Sie ging vor den ersten Trägern, die zu ihren Waffen und der Ausrüstung noch die Bahren trugen und keinen Blick für ihre Umgebung hatten. Das war ihr gerade recht. Die Bahren bestanden aus einfachen Stangengestellen, auf denen die nicht gehfähigen Kranken und Verwundeten lagen.
Sie hielt sich allein. Sithan folgte weiter hinten zwischen den Trägern. Es war besser, wenn man sie jetzt nicht mehr zusammen sah. Falls es nach ihrer Flucht zu einer Untersuchung

kommen sollte, hatte Sithan die Soldaten als Zeugen. Sie würden bestätigen können, daß sie seit langem getrennt marschiert waren und keine Verbindung bestanden hatte.
Sie bewegten sich in einer endlosen Reihe und kamen nur langsam vorwärts, als plötzlich eine heftige Explosion die Luft erschütterte und allmählich, in mehreren Echos, verhallte. Eine zweite Explosion, etwas weniger stark, folgte Sekunden später.
Der Träger hinter ihr rief: »Der Tunnel! ... Sie haben den Tunnel gesprengt.« Er lachte.
»Scheiße!« sagte sein Nachbar. »Die Arbeit von zwei Jahren umsonst! Einfach in die Luft gejagt! ... Verdammter Mist! Dabei dachte ich immer, wir könnten zurück.«
»Mach dir keine Gedanken«, tröstete der erste. »Wir wären sowieso nicht noch einmal hierhergekommen. Sollen ihn die anderen wieder ausbauen.«
»Ein Blödsinn so etwas!«
»Die Sprengung erfolgte auf Befehl der Division«, erklärte eine dritte Stimme. »Ich weiß es vom Funker selbst.«
Was war mit den beiden Schwerverwundeten geschehen, die im Tunnel geblieben waren? Lins Hand krampfte sich um den Beutel. Man hatte sie als nicht transportfähig zurückgelassen, erinnerte sie sich. Sie selbst hatte sich, zusammen mit Sithan, sogar dafür eingesetzt, und der Major war überraschend schnell bereit gewesen, nachzugeben. Dabei hatte er genau gewußt, welches Schicksal sie erwarten würde! Lin war sich dessen sicher. Vielleicht hatte er sogar gewünscht, daß sie diesen Vorschlag machten. Es war ein gewisses Aufmerken zu spüren gewesen, als sie ihm erklärten, die beiden seien unter keinen Umständen transportfähig. Heute nachmittag noch waren sie operiert worden – nur um jetzt in die Luft gesprengt zu werden! Hatte der Arzt auch davon gewußt? Oder es zumindest geahnt? In solchen Zeiten war alles möglich, hatte sie inzwischen gelernt.
In die Luft gesprengt! Mit gesenktem Kopf, brennend vor

Scham und hilflosem Zorn, tappte sie den Waldpfad entlang. Sie litt unter der qualvollen Erkenntnis, die sie in ihrer Heftigkeit verhöhnte. Welch ein Ungeheuer, dieser Mann. Sie schüttelte den Kopf. Es war sinnlos, sich weiter in die Sache zu verrennen. Wahrscheinlich fühlte er sich sogar noch im Recht. Da die beiden nicht transportfähig waren, also den Zug nicht begleiten konnten, hatte er dafür gesorgt, daß sie nicht in die Hände des Feindes fielen. Eine harte, aber notwendige Entscheidung! So oder ganz ähnlich würde seine Rechtfertigung lauten. Noch dazu ein schneller und schmerzloser Tod, der sie überraschend getroffen hatte. Was war daran auszusetzen?

Lin tappte weiter und stolperte über eine Baumwurzel. Sie fühlte sich, als ob eine riesige Eiterbeule in ihrem Innern geborsten sei und der Eiter nun ihren Blutstrom vergifte. Sie würde Abwehrkräfte entwickeln müssen oder nicht durchhalten können. Noch vor wenigen Monaten hatte sie es nicht für möglich gehalten, daß Menschen sich so benahmen. Inzwischen war ihr vieles alltäglich geworden.

Nach der ersten Stunde wurden die Schritte allmählich langsamer. Die Furcht, von den Viets eingeholt zu werden, war von den Anforderungen des Marsches überdeckt worden. Die Abstände zwischen den einzelnen Trupps vergrößerten sich. Die Menschten tappten mit gesenkten Köpfen vorwärts, ohne sich um den Vorder- oder Hintermann zu kümmern.

»Schneller gehen!«

Der Befehl lief die Reihen entlang, und für eine Weile reichte er aus, die Menschen aus ihrer stumpfen Gleichgültigkeit zu reißen. Fast drei Stunden lang marschierten sie mit nur wenigen kurzen Ruhepausen. In stillschweigender Übereinkunft trieben sie sich gegenseitig vorwärts. Als die Dämmerung begann, waren auch die kräftigsten unter den Zivilisten ausgelaugt.

Das war ihre Zeit, wußte Lin. Wenn es eine Chance für sie gab, dann in diesen Minuten. Plötzlich hörte sie Geräusche vor sich, hastige Schritte, ein heißes Keuchen und das Brechen von Ästen und Zweigen. Auch die beiden Soldaten unmittelbar hinter ihr waren aufmerksam geworden. Sie sah, wie sie die Schnellfeuergewehre von den Schultern rissen, ihre Lebensmittelbeutel auf den Pfad warfen und dann schreiend nach links in das Unterholz stürmten.

»Halt! – – Stehenbleiben!« schrien sie.

Also hatte noch jemand außer ihr diese günstige Zeit zur Flucht benutzt! Einen Atemzug lang fühlte sich Lin gelähmt vor Überraschung. Bedeutete dies das Ende ihrer eigenen Pläne? Aber nein! Sie blickte sich um. Niemand beachtete sie. Alle starrten nach links. Das war ihre Chance!

Sie wandte sich nach rechts, sah die alte Frau, die Wan losgelassen hatte, zu ihr herblickte und drängte sich in das Bambusdickicht. Fünf, sechs, acht Schritte hatte sie bereits zurückgelegt, als sie hinter sich einen Schrei hörte. Das mußte einer der Träger sein, der ihre Flucht bemerkt hatte. Da kam auch Wan auf sie zu, die Bananen in der einen Hand, den Beutel über der Schulter.

»Lin!«

Sie sah die vor Schreck geweiteten Augen. Die kleinen Füße hämmerten den Boden. Er streckte die freie Hand nach ihr aus.

»Still!« sagte sie. »Ganz still! . . . Kein Wort!«

Sie faßte seine Hand und änderte sofort die Richtung. Nach dreißig Metern stürzte der Junge. Sie konnte die kleine Hand nicht festhalten. Bewegungslos lag er auf dem weichen Waldboden. Er hatte die Bananenstaude verloren. Sie hob die Bananen auf. Während sie sich bückte, versuchte sie sich auf den zuckenden Schmerz vorzubereiten, den die Kugeln verursachen würden, wenn sie in ihren Rücken drangen. Dann wurden ihre Sinne klarer, und sie wußte, daß nichts geschehen würde.

»Verdammt noch mal, Wan, wie lange willst du denn noch hier liegenbleiben!«

Der Junge rollte sich herum und setzte sich auf. »Ich bin gefallen.«
»Los, hoch und weiter!«
Sie half ihm auf die Füße, hängte ihm die Tasche wieder über die Schulter. »Gib mir die Hand! Ich helfe dir ...«
Sie zerrte ihn fünf, sechs Schritte tiefer in den Wald. Plötzlich riß er sich los:
»Mein Krokodil! ...«
»Was willst du?« fragte sie bestürzt. Sie fühlte sich jäh dem letzten, endgültigen Zusammenbruch nahe.
»Mein Krokodil ist fort«, jammerte er. »Ich habe mein Krokodil verloren ...«
»Bleib hier!« Doch er war schon fort. Sie sah ihn zurücklaufen; ratlos rannte er zwischen den Bäumen hin und her. Dann bückte er sich und kam mit einem länglichen Holztier zurück.
»Mein Krokodil«, rief er glücklich. »Es gehört mir ... Hast du es schon gesehen?«
Der Zorn übermannte sie. »Weißt du, daß uns dein Krokodil das Leben kosten kann?«
»Ich habe ja nichts getan. Was willst du denn?«
Ihre Stimme zitterte. »Komm! ...«
In diesem Augenblick peitschte ein langer Feuerstoß durch den Wald. Sie warf sich auf den Boden. Obwohl die Schüsse nicht unmittelbar in ihre Richtung gezielt waren, erfüllte der Lärm sie mit Entsetzen.
Wan wimmerte: »Ich habe ja nichts getan ... Es ist doch mein Krokodil.«
»Hinlegen!«
Einen Augenblick lang verspürte sie die gleiche wahnsinnige Angst wie damals, als die Roten Khmer das Dorf überfielen und sie sich in die Dornhecke verkroch. Ein zweiter Feuerstoß überschüttete sie mit Lärm. Sie kroch auf dem Boden weiter, das Kind hinter sich her zerrend. Sie erreichte einen Termitenhaufen. Wie eine bizarre Mondruine schimmerte er fahl durch

die halbe Dunkelheit. Jetzt hörte sie auch Stimmen. Deutlich unterschied sie drei Rufer. Man suchte also nach ihr.
Drei, vier Minuten vergingen. Ein erschreckendes Gewehrfeuer war zu hören. Die Kugeln peitschten durch die Luft und heulten wie Metall, das man gewaltsam auseinanderreißt. Dann herrschte plötzlich Stille.
»Los, hoch! Wir gehen weiter . . .«
»Nein, nein! Ich habe Angst. Sie werden uns totschießen«, wimmerte Wan, das Spielzeugtier an sich pressend.
»Gut, dann bleibst du eben hier.«
Sie erhob sich. Zur gleichen Zeit schossen die Soldaten wieder. Sie hatte das Gefühl, als ob die Schüsse unmittelbar auf sie gerichtet seien. Aber nun lief sie weiter. Die Suche dauerte erst zwei oder drei Minuten, und schon war sie völlig erschöpft.
»Lin, wo bist du? So warte doch!«
Wan krabbelte auf die Füße und lief hinter ihr her. Sie blickte sich nach ihm um, verlangsamte die Schritte und nahm ihn an die Hand. Sie rannten weiter und hielten erst an, als ihre Füße den Dienst versagten. Aber schon Minuten später setzten sie ihre Flucht fort, wobei sie wie Tiere vor Angst und Not stöhnten. Die Soldaten schossen erneut, aber die Schüsse waren weit weg, und sie achteten nicht mehr darauf. Sie waren wie von Sinnen. Einmal in Bewegung, wünschten sie nur, in Sicherheit zu kommen.
Hinter einem Mangobaum ließen sie sich keuchend zu Boden fallen. Ihre Körper waren in Schweiß gebadet. Lin vermochte sich für Minuten zu nichts aufzuraffen. Sie stand noch völlig im Bann ihrer Erregung und konnte nicht begreifen, daß sie sich vorläufig in Sicherheit befanden.
Eine halbe Stunde lang lagen sie nebeneinander. Sie waren zu müde, zu verwirrt und bestürzt, um weitergehen zu können. Schließlich erhob sie sich und stand mit zitternden Beinen aufrecht. Ihre Finger klammerten sich in die Rinde des Baumes, während sie zurückblickte. Doch es war inzwischen

völlig dunkel geworden. Einige Betel-Lianen hingen herab und verschmolzen mit dem Dickicht um sie. Woher hatte sie nur die Energie aufgebracht, in diese Wildnis einzubrechen? Wie weit hatte sie sich von dem Pfad entfernt? Vielleicht fünfhundert oder auch achthundert Meter. Bäume wie mehrstöckige Häuser wuchsen hier. Unter ihnen wieder andere, deren Blattwerk die Riesen verbarg. Und in den Lücken hatten andere Pflanzen eine Lebensgrundlage gefunden: ein Gewirr von Ranken, Farnkraut, wilden Bananenstauden und verkümmerten Palmen, wohin sie auch blickte. Alles bedrängte einander, verzweigte und streckte sich auf der Suche nach Luft und Nahrung.

Sie mußten zurück zum Pfad. Eine andere Möglichkeit gab es nicht. Niemand konnte hier längere Zeit leben. Kein Luftzug regte sich in der tropfenden, feuchten Schwüle. Jetzt merkte sie auch, daß sie keineswegs allein waren: Vögel krächzten und kleine Tiere raschelten und zischten.

Wan stand plötzlich neben ihr. Seine Hände krampften sich in ihren Hosen fest. »Gehen wir zurück?« fragte er, ein halbes Schluchzen in der Stimme.

»Möchtest du denn, daß wir zurückgehen?« fragte sie. »Oder sollen wir hier schlafen?«

»Nein, nein! Zurückgehen . . .«, bettelte er.

»Gut, aber ich will nicht, daß du unterwegs jammerst. Hörst du?«

»Ja. Es ist so unheimlich hier . . .«

»Einverstanden«, sagte sie. »Dann suche deine Sachen zusammen. Was du liegenläßt, werden wir nie wieder finden. Denke an den Beutel und die Decke – und vor allem vergiß das Krokodil nicht!«

Sie brauchten zwei Nächte, um einen anderen Pfad zu erreichen. Lin hockte sich in das Gehölz, prüfte den Weg und das dahinterliegende Gehölz. Im schwachen Mondlicht erschienen die Radspuren und Fußstapfen blaßsilbern, und der Dschungel zeigte ein undurchdringliches Schwarzgrün. Um

sich spürte sie die gewaltige Masse des Urwaldes, der in der Nacht seltsam zu glühen schien, fast wie ein Riesendenkmal, das von unsichtbaren Scheinwerfern angestrahlt wurde.
Eine Viertelstunde lang starrte sie auf den Weg und den Dschungel, dachte an nichts und war nur Auge und Ohr. Die Spannung, mit der sie alles prüfte, der heftige Druck in ihrer Brust waren ihr angenehm. Nichts schien sich zu bewegen. Sie hörte zunächst keine anderen Laute als das Rascheln der Blätter und das Flüstern des Grases. Erst allmählich nahm sie die kleinen Geräusche der Stille wahr, das Kratzen, Scharren und Flattern. Aber waren sie wirklich allein?
Lin überlegte einen Augenblick, sprang auf die Füße, stand für eine entsetzenerregende Sekunde völlig frei auf dem Pfad und sprang dann zurück. Niemand schoß. Vielleicht hatte sie irgendwelche Wachen überrascht. Doch daran glaubte sie nicht. Wahrscheinlicher war, daß sie automatisch auf sie geschossen hätten, wenn irgendwelche Posten in der Nähe gewesen wären.
»Was hast du?« flüsterte Wan besorgt. »Warum springst du hierhin und dahin, Lin? . . . Hast du etwas?«
»Keine Angst! Ich bin nicht verrückt geworden, das ist kein Spiel«, erklärte sie ihm und spürte, wie die Spannung plötzlich nachließ. »Ich will nur feststellen, ob da vor uns Soldaten liegen.«
»Warum? . . . Warum denn?« fragte er wißbegierig.
»Ich möchte nicht, daß sie uns plötzlich totschießen. Oder daß sie uns nach so vielen Anstrengungen wieder gefangennehmen. Dann hätten wir uns das Ganze ersparen können.«
»Und jetzt weißt du's?« wisperte er und lachte begeistert.
»Ja, ich glaube schon«, gestand sie. »Aber ganz sicher bin ich noch nicht. Darum werde ich es auch noch einmal tun. Du bleibst schön hier liegen und wartest.«
»Nein, nein! Laß mich«, rief er, und sein Gesicht strahlte auf, als wäre eine große, unerwartete Glücksbotschaft für ihn gekommen. »Ich kann das auch!«

»Bist du verrückt!«

Doch es war zu spät. Er sprang aus dem Dickicht auf den Pfad und tanzte in grotesken Bocksprüngen auf und ab, wobei er Grimassen schnitt und mit den Armen durch die Luft fuchtelte.

»Es ist niemand da!« schrie er. »Überhaupt niemand!«

Keine Antwort, kein Schuß. Lin fuhr sich über die Stirn. Sie schwitzte und stellte mit Überraschung fest, daß ihre Bluse ganz naß und kühl war.

»Komm jetzt! Oder hast du endgültig den Verstand verloren?«

»Uh-huh-uh!« machte er begeistert. »Es ist niemand da!«

Sie nahm ihre Sachen auf. »Ich gehe jetzt. Du kannst ja hierbleiben, wenn dir das lieber ist.«

»Uh-huh-uh!« schrie Wan, und sein wildes, übermütiges Lachen war so verheerend in seiner blödsinnigen Daseinsfreude, daß es alle Vorwürfe zunichte machte.

Langsam folgte sie dem Pfad, der nach Norden führte, ohne sich noch einmal umzublicken. Nach dreißig Schritten hörte sie ihn rufen; aber sie drehte sich nicht um, und dann kam er hinter ihr her. Einmal streifte ein großes schleimiges Blatt ihr Gesicht, und einige Insekten schwirrten ihr erschreckt über die Wange. Sie schnippte sie weg. Ihre Finger schwitzten vor Schreck. Eine haarige Spinne, beinahe so groß wie ihre Hand, saß ihr plötzlich auf der Hose und jagte an ihr empor. Sie schüttelte sie ab und stand zitternd vor Entsetzen in der Dunkelheit. Dann tappte sie erneut vorwärts. Ein träger Lufthauch bewegte die Blätter um sie her, und sie spürte, daß ihr der Schweiß wie Tränen in Strömen das Gesicht hinunterlief.

Widerstrebend ging sie weiter. Das Mondlicht strahlte zwischen den unsichtbaren Baumwipfeln herab und besprenkelte Boden und Blätter mit Schatten. Sie fühlte sich tausend Kilometer weit von jedem Menschen entfernt. Hinter sich, nahe am Horizont, konnte sie einmal für Sekunden das Kreuz des

Südens erblicken, und instinktiv merkte sie sich die Richtung. Der Pfad verlief genau nach Norden.
Sie ging ungleichmäßig. Mit langen Schritten legte sie bisweilen viele Meter zurück, dann wieder stockte sie angsterfüllt für Sekunden, aus denen Minuten wurden, während sie sich zum Weitergehen antrieb. Jedes Tier erschreckte und entmutigte sie. Sie machte sich immer wieder etwas vor, wenn sie beschloß, nur noch bis zur nächsten Biegung zu gehen. Sobald sie sie erreicht hatte, faßte sie ein neues Ziel ins Auge und ging darauf zu. Sie fragte sich, wie lange der Dschungelpfad sein könnte, und gegen ihre Erfahrung gab sie sich jedesmal der Hoffnung hin, daß die vor ihr liegende Strecke die letzte sein würde und daß dahinter das bebaute Land mit seinen Dörfern und Feldern läge.
Als die Nacht verging, ohne daß etwas geschah, gewann sie Vertrauen. Sie hielt weniger oft an, und die einzelnen Wegstrecken wurden größer. Bisher hatte sie keinen Ort angetroffen, an dem die Khmer ein befestigtes Lager hätten anlegen können, und die Sorgfalt, mit der sie alles beobachtete, entsprang mehr ihrer Angst und dem unerschütterlichen Schweigen des aufdämmernden Waldes als dem Verdacht, auf Khmer-Posten zu stoßen.
Sie erreichten den Zugang zu dem Tal mit dem ersten Frühlicht. Instinktiv wußte sie, daß sie hier mit Überraschungen zu rechnen hatte. Sie merkte es auch am stärkeren Herzklopfen.
Im Schutze eines Felsblocks prüfte sie die Landschaft. Es war kalt, noch fehlte dem frühen Licht die Wärme. Sogar die Affen hatten sich zurückgezogen, und es herrschte Stille, die nur vom Fall der Tropfen unterbrochen wurde. Das Tal erstreckte sich etwa zweihundert oder dreihundert Meter weit unter ihr. Es war mit Feigenbäumen und Palmen bewachsen, die über das Dschungeldickicht hinausragten. Noch waren keine Einzelheiten zu erkennen. Die um die Baumkronen ziehenden Nebel sahen wie Wolkenbänke aus, ein quirliger

Dunst, bald schieferfarben, bald silbrig aufleuchtend, in den die Sonne stach und eine Atmosphäre erzeugte, so grün, so dunkel und üppig, wie sie es in solcher Eindringlichkeit noch nie erlebt hatte.

Doch dann stutzte sie. Da war etwas – heller als das Schwarzgrün des Waldes: die Silhouette einer Tempelanlage. Sie starrte in den Dschungel bis ihre Augen schmerzten. Die Mauern, nur undeutliche silbrige Stränge unter dem dicken Flechtwerk der Blätter und Ranken, machten den Eindruck, als seien sie in einen stummen, hoffnungslosen Kampf verstrickt. Sie schienen sich schutzsuchend um den mächtigen Schaft des Tempelturmes zu drängen, als wollten sie gemeinsam dem Ansturm der Wildnis begegnen. Das Mauerwerk glitzerte und schien lebendig zu sein. Sie beobachtete den Glanz des ersten Morgenlichtes auf den uralten Steinwällen in stummer Versunkenheit.

10.

Es gab keine Sonne, keine echte Helligkeit, wohin sie auch kamen. Die Blätter schienen in ein durchsichtiges, leicht gefärbtes Licht getaucht, als bewegten sie sich unter Wasser. Lin kämpfte sich mühsam vorwärts, drängte sich durch die Dickichte, gefolgt von Wan, der sich dicht hinter ihr hielt. Stumm, den Kopf gesenkt, um nicht über freiliegende Wurzeln zu stolpern, vorbei an weißlichen Termitenhügeln, moosüberzogenen Baumstümpfen und Farngestrüppen, bewegte sie sich über die federnde Laubdecke, in der kleine, noch nicht völlig verdampfte Tautropfen glitzerten. Alles verzweigte sich, wuchs durcheinander: ein strotzendes Geflecht, wirr und sinnlos seit der Aufgabe der Tempelanlage.

Seit zwei Stunden waren sie jetzt schon unterwegs und an einigen kleineren, in Trümmern liegenden Monumenten vorbeigekommen, deren Steine so wirr, so dicht von Wurzeln an den feuchten Boden gefesselt waren, daß hier keine Menschenhände beteiligt gewesen sein konnten. Viele waren an der Oberfläche bereits zersetzt und hoben sich kaum mehr von der Erde ab: kleine graue, schleimige Flächen, die von Insekten wimmelten.

Ebenso schlimm wie die feuchte Hitze waren hier die Insekten. Wohin sie auch kam, übten sie ihre Tyrannei aus. Schwarze und rote Ameisen hasteten nervös über die krustigen Baumrinden, haarige Spinnen hockten am Rande ihrer Netze, deren Fäden das noch am Boden glimmende Sonnenlicht auffingen und wie kunstvolle Filigranarbeiten durch den Dämmer schimmerten. Wie phosphoreszierende Funken, böse und gefährlich, lauerten die Stechmücken im Schatten der klebrigen Blätter, dazu die Blutegel und Tausendfüßler. Wie Miniaturdrachen schoben sie sich über den schwammigen Waldboden. Käfer, Wespen und Libellen auf dem Hochzeitsflug bedrängten sie: eine dunkle, narkotische Welt, an die sie sich nie gewöhnen würde.

Wans Hand ließ sie zusammenzucken, als habe sie in Feuer gegriffen. Er war stehengeblieben und deutete auf eine zwischen den Bäumen aufragende Masse aus Flechten und Schilfrohr. Große, bläuliche Bäume, an Eukalypten erinnernd, doch dunkler, standen dabei. Gemeinsam bahnten sie sich einen Weg zu den Steinquadern, letzten Überresten einer zerfallenden Mauer.

»Das Kloster«, sagte sie. »Hier beginnt es.«

»Was ist das – ein Kloster?« Wan zeigte keinerlei Scheu. Begeistert fuhr er sich durch das Haar und blickte aufmerksam, ein Abenteuer witternd, umher. »Ist das ein altes Königsschloß?«

»Nicht gerade ein Königsschloß. Hier wohnten einst fromme Männer, Mönche. Sie verehrten Buddha, den Erhaben-Einzigen ...« Lin zögerte. Wie schwierig war es, einem Kinde solche Dinge zu erklären.

»Und jetzt sind sie fort?«
Sie nickte. »Schon vor langer Zeit.«
Eine mächtige Schnecke kroch über den Stein und hinterließ eine silbrige Schleimbahn. Lange weiße Würmer und säuerliche Wanzen bewegten sich in den Mauerfugen. Riesige Pilze, wie Köpfe, Finger und Dämonenfratzen geformt, waren gespenstisch zwischen den Farnen verstreut.
Mühsam kämpften Lin und Wan sich längs der Mauer weiter. Einmal hüllte sie eine Wolke fliegender Ameisen ein, die ihre Augen und Nasenlöcher mit einem würzigen Duft wie Curry füllten. Dann verlor sich der Pfad, der Weg wurde morastig. Übelriechende Wassertümpel gluckten bei jedem Schritt auf, und sie mußten von Erdhügel zu Erdhügel springen. Gasblasen stiegen aus dem Schmutz, der um ihre Knöchel quoll.
Aus den Baumwipfeln schwirrten Vögel auf, unwillig über die Störung, und ließen sich wenige Schritte entfernt wieder nieder. Die Mauer, sah Lin, durchschnitt die Wildnis schnurgerade wie ein Weg. Die Steinquader waren mit einer klebrigen Schicht bedeckt, einer leimig-zähen Masse, die sogar die Blätter, wo sie mit ihr in Berührung kamen, bis auf die Rippen zersetzte.
Dann endete die Mauer. Ein Ausblick ins Hellere öffnete sich, einer der alten Hofplätze. Der Boden unter dem federnden Pflanzenwuchs wirkte wieder härter, wahrscheinlich war er mit Steinplatten belegt gewesen. Zerbröckelndes Mauerwerk knirschte unter ihren Sandalen.
Doch da war noch ein anderes Geräusch. Sie hob den Kopf und lauschte. Ein alter Mann erschien. Sein kahler Schädel schimmerte matt. Er war in ein langes Gewand gekleidet, das bis zu den Füßen reichte. Wahrscheinlich war es einmal rot oder rostbraun gewesen, aber das schien Jahrzehnte her zu sein. Sein stilles Gesicht zeigte weder Überraschung noch Furcht. Ein Lama. Seit vielen Jahren hatte sie keinen buddhistischen Mönch mehr gesehen. Ein hölzerner Rosenkranz baumelte an seinem Handgelenk.

Lin brachte so etwas wie einen Gruß hervor. Sie wußte nicht, was hier das Übliche war. An der Hand der Mutter hatte sie zuweilen die Pagode in Pnom Penh besucht, erinnerte sie sich. Doch damals war sie kaum älter als vier oder fünf gewesen. Mit der Besetzung des Landes waren die Mönche aus dem Straßenbild der Städte verschwunden.
»Willkommen«, murmelte der Greis feierlich und deutete eine Verbeugung an. »Willkommen, o Schwester! Du hast einen kleinen Knaben bei dir, so sei doppelt willkommen.«
»Wir sind weit gegangen«, sagte Lin, »aber wir wollen nur eine kurze Rast machen, wenn du es erlaubst, Heiliger.«
»Wir sind auf geweihtem Boden. Hier ist die Wohnung des Herrn, auch wenn sie von den Menschen aufgegeben und vergessen wurde. Alle sind hier willkommen, die den Weg in diese Einöde finden. Kommt mit mir, hier ist nicht der Ort, um zu rasten.«
Er schlurfte voran. Zerbrochene Steinplatten, vom Unkraut überwuchert, führten zu einer düster aufragenden Masse von Mauerwerk, den Resten eines Turmes. Dicht dabei befand sich ein Bogengang. Lin kannte solche Tempelanlagen nur von Bildern und Plänen aus ihrer Schulzeit. Der Greis drängte sich durch ein grünes Polster hängender Mimosen, die leuchteten, als befänden sie sich in einer Eisgrotte. Zu beiden Seiten schimmerten moosüberzogene Quader, riesige Blöcke, die mit Skulpturen geschmückt waren, Darstellungen aus der buddhistischen Mythologie. Auf halber Strecke wandte sich der Lama um, lächelte und deutete nach vorn.
Sie standen unter dem Haupttor, und eine monumentale Anlage öffnete sich vor ihnen. Die Oberschwelle und alles, was sich sonst noch darüber befunden haben mochte, war herabgestürzt. Stattdessen wölbte sich jetzt ein meterdickes Geflecht von Pfeiler zu Pfeiler. Orchideen leuchteten auf, ein strahlendes Gefunkel über einem Gewoge von Grün.
Langsam, mit der Andacht des Gläubigen und dem Verständnis des Kunstkenners, schritt der Lama an den Reliefs vorbei,

von Stein zu Stein. Die meisten waren vom Geröll halb begraben. Sie mußten aus sehr früher Zeit stammen und waren offensichtlich von der indischen Kunst beeinflußt.
»Das Leben des Herrn«, flüsterte der Greis und deutete auf die Steine, ein halbes Schluchzen in der Stimme.
Da waren Dutzende von Figurenfriesen, Fragmente von Statuen und Steinplatten voller Figuren. Ehrfürchtig, mit gesenktem Kopf, wandte sich der Lama von einem Stein zum anderen – eine Welt vergessener Schönheit und Größe. Vor einem Hochrelief, das die Krönung des Buddha darstellte, blieb er stehen. Doch der Kopf fehlte.
Plötzlich sprang Wan vor, bückte sich und zerrte einen Stein aus dem Gestrüpp. Es war der fehlende Kopf der Statue, und während er ihn drehte, schien er zum Leben zu erwachen. Die halbgeschlossenen Augen, der lächelnde Mund, die Wangenschatten gaben ihm eine vibrierende Lebendigkeit. Es war sicher kein großes oder bedeutendes Werk, dennoch war der Lama tief ergriffen. Eine anbetende Hierarchie von Königen, Ältesten und Buddhavorläufern umgab den Erleuchteten. Sie sah ein fließendes Wasser mit Fischen und Wasservögeln darunter. Auf dem Nachbarstein war eine Prozession von Männern und Frauen dargestellt, alle in bauchigen Gewändern, denen Diener und Dienerinnen folgten, die ihnen die Symbole ihrer Würde nachtrugen. Dazwischen ragten immer wieder kahle Mauerstücke aus rötlichem, fast violettem Sandstein auf, alle überwuchert von Farnen, Mimosen und blaublühenden Schlinggewächsen. Etliche Steintrümmer waren, vom Feuer gezeichnet, fast schwarz.
Lin folgte stumm. Sie war nicht religiös, war es nie gewesen. Für sie war der Buddhismus eine Religion, mehr noch eine Philosophie, die man vor Jahrtausenden aus Indien nach Kambodscha gebracht hatte, eine überwundene Tradition ohne schöpferische Antriebe für unsere Zeit: das Leben ein böser Wahn, dem man durch die Flucht ins Nirwana entrinnen konnte, durch Verzicht und Selbstauflösung – so hatte sie

die Partei belehrt, und es hatte ihr immer genügt. Moderne Menschen brauchten keine Götter, keinen Weihrauch, keine Opfer für leere Symbole, hatte sie gelernt. Dennoch fühlte sie sich tief ergriffen. Welch eine Anlage! Wieviel Glaube, wieviel Sicherheit sprachen aus diesen Ruinen. Oder war es nur die Persönlichkeit des Lama, die sie beeindruckte? Sie wußte es nicht.

Verstohlen rieb sie sich die Hände an den Hosen ab. Es sollte noch sehr viel größere Tempel in Nordkambodscha geben. Da waren Angkor Wat und Angkor Ton. Sie hatte über sie gelesen, auch Bilder gesehen. Großartig! Wie alt mochte dieser Tempel sein? Fünfhundert Jahre, vielleicht auch achthundert oder tausend Jahre. Unvorstellbare Zeiträume, gemessen an ihrem eigenen Leben.

Der Lama deutete auf eine gestrüppüberwucherte Treppe. Der Tempel dahinter war niedergebrochen, Teile des vergoldeten Dachs ragten aus dem Schutt. Lin blickte auf den Schrein, der wie durch ein Wunder erhalten geblieben war. Auf einem mächtigen Quader saß Buddha. Die einstmals vergoldete Statue hatte nicht gelitten, sah sie.

Sie nahmen auf der Treppe Platz. Der Tempelturm schien jetzt fast unmittelbar über ihnen zu hängen, gespenstisch vergrößert durch die Flut von Licht, sah er wie ein schlummernder Vulkan aus, tief innen belebt von einem Brandherd. Von den Stufen aus, auf denen sie kauerten, wirkte das Licht fremd und mächtig. Durch das Gewirr der Lianen brach sich ein byzantinisches Glitzern. Alles schien von der asiatischen Allgewalt des Lichts umspült. Die Irdischkeit war geschwunden. Für eine kurze Spanne fielen alle Dinge in einen atemberaubenden Einklang. Die Sonne loderte auf den Facetten von Granit, den Nischen und leeren Fensterhöhlen.

»Du wirst müde und hungrig sein«, sagte der alte Mann. »Darf ich dich zu einer Tasse Tee einladen?«

Er deutete auf einen eisernen Dreifuß, an dem ein rußiger Kessel hing.

»Und vergiß nicht das Kind. Ihm wird es ähnlich ergehen.« Wärme und Wohlwollen leuchteten aus seinen Augen. »Wasser findest du dort drüben.« Er deutete auf einen Steinhaufen, hinter dem ein halbverschütteter See schimmerte.

»Laß mich!« rief Wan. »Ich hole das Wasser und Holz für das Feuer.« Er ließ den Beutel mit der Decke von der Schulter gleiten und riß den Kessel vom Haken des Dreifußes. Offensichtlich war er froh, etwas tun zu dürfen.

»Der Junge – ist er dein Kind?«

»Nein«, gestand sie. »Seine Eltern sind vermißt. Ich fand ihn in einem verlassenen Dorf, und er schloß sich mir an.«

»Es wird nicht einfach für dich sein«, sagte der alte Mann, »aber wie sollen wir wissen, was wir wirklich vermögen, ohne daß wir in einer letzten Anspannung unsere Kräfte erproben. Außerdem sammelst du Verdienste durch das Kind. Es gibt dir Gelegenheit, Barmherzigkeit zu üben.«

»Und du? Lebst du schon lange hier?«

»Erst einige Tage«, gestand er. »Ich suche Befreiung vom Rad der Dinge in der Einsamkeit. Man ehrt den Herrn auch durch Schweigen.«

»Und du bist allein?«

»Mein Schüler starb vor einigen Wochen am Fieber. Seitdem bin ich allein. Doch es fällt mir nicht schwer.«

Wan kehrte zurück. Er hängte den Kessel an das Dreibein und entfachte das Feuer. Stumm blickte der alte Mann auf das Kind, das vor den glimmenden Resten kniete und eifrig in die Asche blies.

»Was wird mit ihm geschehen?« fragte er plötzlich.

»Ich weiß es nicht«, gestand Lin.

»Den Hilflosen helfen ist Verdienst sammeln«, murmelte er. »Es war recht gehandelt, als du dich seiner annahmst. Mit diesem Krieg wurde das Böse in dieses Land gesetzt. Wer könnte die Kräfte der Zerstörung jetzt noch zügeln? Selbst unser gnadenreicher Herr könnte das Rad nicht rückwärts drehen.«

Eine kleine Flamme war aufgesprungen, zischend fraß das Feuer die Wassertropfen an der Außenseite des Kessels. Der Lama zog eine Messingdose hervor und reichte sie Lin. Sie war an der Oberseite kunstvoll ziseliert, aber vom Gebrauch fast abgegriffen. Sie vermochte gerade noch das buddhistische Rad zwischen anderen Symbolen zu erkennen.
Der Lama hatte den Blick bemerkt. Seine Augen zogen sich in einem halben Lächeln zusammen. »Gib etwas von dem Tee hinein«, sagte er. »Die Dose ist etwas Altes – so wie ich. Aber sie tut noch ihre Dienste.«
»Eine schöne Arbeit«, sagte Lin. »Sie stammt nicht aus diesem Land, nehme ich an. Aber sie ist sicherlich sehr alt und kostbar.«
»Sie ist indisch oder tibetisch, von einem Messing, wie es heute nicht mehr gegossen wird. Ich empfing sie von dem Abt, der vor mir das Kloster leitete, von dem ich komme. Und er wiederum erhielt sie von seinem Vorgänger. Du brauchst nicht am Tee zu sparen.«
Eine Viertelstunde später tranken sie Tee, der Lama aus seiner Bettelschale.
Ein Vogel tauchte aus der Luft herab und ließ sich auf einem der Steine ganz in der Nähe nieder. Er schaute einen winzigen Zweig an, der kurz vorher auf den Stein gefallen war. Er reckte den Kopf. Der Zweig schien sich zu bewegen. Jetzt konnte Lin zwei graue, vorstehende Augen erkennen. Der Zweig faltete die Beine – eine Gottesanbeterin. Sie verharrte, steif vor Verzweiflung, in demütiger Haltung. Sie schien zu wissen, was sie erwartete. Der Vogel blinzelte, öffnete den Schnabel, schüttelte sein Gefieder. Er hatte es nicht eilig. Dann fuhr er nieder, haschte das Insekt und glitt in die Richtung des Sees davon.
Lin nippte an dem Tee. »Es tut mir leid, daß wir in deine Einsamkeit einbrachen und dich in deinen Betrachtungen stören.«
Der alte Mann lächelte. »Ich habe keine Eile. Meine Betrach-

tungen waren auch nicht so, daß der Erhabene etwas verlieren würde, wenn ich sie für einige Stunden zurückstelle.«

»Kommen oft Menschen hierher?«

»Manchmal schon. Aber die Anlage ist groß. Es läßt sich ihnen leicht ausweichen. Außerdem sind es Menschen, die auf der Flucht sind – keine Soldaten.« Er hob die Augen. »Du gehörst auch zu ihnen?«

Lin zögerte, dann nickte sie. Von dem alten Mann drohte ihnen keine Gefahr. Es blieb einige Minuten still zwischen ihnen.

Wan hatte sein Krokodil geholt und zerrte es eine der bemoosten Treppenstufen entlang. Es war so sinnreich konstruiert, daß sich die einzelnen Glieder beim Ziehen auch nach den Seiten bewegten, was ihm eine Art Wackelgang verlieh.

Die Augen des Lama leuchteten vor Vergnügen auf. »Was macht er da? Es ist höchst sonderbar.«

»Ein Spielzeugtier«, erklärte Lin. »Ein hölzernes Krokodil. Ein alter Mann fertigte es im Lager der Khmer für ihn.«

»Ein guter Mensch, der sich Verdienst erwarb, weil er einem Kinde Freude bereitete«, murmelte er, während seine Augen dem wackelnden Tier folgten. »So sollte ein Mann leben – weite Gedanken denkend und Freude bereitend.«

Lin nickte lächelnd. Niemals hätte sie es für möglich gehalten, daß der Bauer mit nichts als seinen steifen Fingern und einem schartigen Messer ein so kunstvolles Gebilde schnitzen könnte.

Wan lachte, sie hörte, wie er mit dem Tier sprach.

»Möchtest du auch einmal?« fragte er plötzlich den Lama.

Der alte Mann schüttelte bedauernd den Kopf. »Es wäre sicherlich nicht zum Vorteil des Holztieres.«

»Wie weit ist es noch bis zur Ebene der Sümpfe?« fragte Lin.

»Vier Tage, wenn man jung ist wie du.« Der Lama überlegte. »Fünf Tage mit einem Kinde.«

Lin sah, daß Wan plötzlich am Boden kniete und mit sonder-

barem Lächeln vor sich hinblickte. »Was hast du? Ist dort etwas?«
Wan legte die Hand auf den Mund und bedeutete ihr zu schweigen, dann winkte er. Als sie ihn erreichte, sah sie zwei junge Schlangen, zart und flachköpfig, mit glänzenden, grünen, in einem warmen Kupferton zerfließenden Schuppen, die wie durchsichtig glitzerten, als die Tiere sich langsam bewegten und auf ihn zukrochen. Sie erstarrte vor Schreck, als der Junge die Hand ausstreckte. Die Schlangen krochen näher und legten ihre zierlichen Köpfe nacheinander auf seine Handfläche, wie wenn sie fräßen. Er fuhr mit dem Zeigefinger über ihre kalten, glatten Körper, und sie ringelten sich um seinen Unterarm. Wan lächelte glücklich, dann trug er sie, um den Arm gewickelt, an den Rand des kleinen Sees, und hier gab er sie frei. Mit vorgestreckten Köpfen schwammen sie auf dem schwarzen, glatten Wasser wie Smaragde davon.
Als Lin einen Schritt zurücktrat, sah sie die Leute. Es waren wenigstens sechs, darunter zwei Frauen mit Kindern. Zögernd, dicht beieinander, kamen sie näher. Voller Mißtrauen traten sie dem Lama entgegen. Sie schienen jederzeit bereit zu fliehen und doch eisern entschlossen, keinen Vorteil auszulassen.
»Wie findet ihr das?« rief ein stämmiger Mann in blauer Bluse und abgetragenen weiten Hosen, die voller Flicken waren. »Da haben wir kaum genügend Platz, um unsere Beine auszustrecken. Und sie haben hier einen ganzen Hof für sich.«
»Wir bleiben hier«, sagte sein Nachbar, der etwa dreißig Jahre alt war und mit seinem schütteren Bart wie ein jüngerer Bruder Ho Chi Minhs aussah. »Ist das nicht ein Gaukler? Dachte gar nicht, daß es die noch gibt! Er kann uns die Zeit mit ein paar Kunststücken vertreiben.«
»Aber Vorsicht!« rief der erste Sprecher. »Wenn er erst anfängt zu betteln, wird uns bald nichts mehr gehören.«
Sie lachten.

»Sehr witzig«, sagte Lin. »Ist das alles, was euch einfällt?«
»Hört ihr das?« fragte der zweite und blickte sich beifallheischend um. »Weil sie klein ist und keß, meint sie, sie kommt überall durch. Warum hältst du dich nicht raus, wenn erwachsene Leute reden?«
»Was hat euch der Lama getan?« Lin spürte den Zorn bis in die Fingerspitzen. »Warum beleidigt ihr ihn? Sehr tapfer!«
»Sie hat recht«, rief eine der Frauen, die ein Kind auf dem Arm trug. »Laßt ihn in Ruhe! Außerdem bringt es Unglück, ihn zu beleidigen. Er ist ein Sucher. Früher war das Land voll von ihnen, und das war nicht gut. Nun sind sie fort, und wir alle leben im Unglück.«
»Weibergeschwätz!« sagte der Mann, der wie Ho Chi Minh aussah. »Ein Meisterbettler ist's! Wie auch die Zeiten sind, ihm wird es immer gut gehen, solange es nur genügend Dumme gibt.«
»Laßt ihn in Ruhe!« sagte die zweite Frau. »Er will nichts von uns. Suchen wir uns einen anderen Rastplatz. Wer weiß, was geschieht, wenn er uns verflucht! . . . Gib mir deinen Segen, Heiliger, und wir gehen wieder.«
»Ihr könnt gerne hierbleiben«, sagte der Lama freundlich. »Hier ist Platz für uns alle. Wir alle sind ans Rad gebunden, gefesselt von Leben zu Leben bis zur Erlösung.« Er schlang den Rosenkranz fester ums Handgelenk. »Setzt euch und ruht euch aus, Brüder.«
»Brüder!« lachte der erste. »Brüder, nennt er uns. Warum nicht ›Genossen‹? Das habe ich lange nicht mehr gehört. Ich denke, wir bleiben hier. Soviel Unterhaltung gibt es nicht jeden Tag.«
»Was macht er eigentlich hier? Versteckt sich zwischen den Ruinen und wartet auf bessere Zeiten.«
Sie lachten.
»Wer weiß!« rief der erste Sprecher. »Vielleicht sucht er auch nach Schätzen! Diese Klöster waren reich – unermeßlich reich. Damit wäre uns allen geholfen.« Wieder lachten einige.

»Ist das wirklich alles, was euch einfällt?«
Lin trat einen Schritt vor. Ihre Beine waren schwach vor Zorn.
»So laßt ihn doch in Ruhe! Er hat euch nicht das Geringste getan. Würdet ihr auch so reden, wenn er eine Maschinenpistole im Arm hätte oder ein paar Khmer-Soldaten um die Ecke kämen?«
Für eine halbe Minute sagte niemand etwas.
Aber dann waren sie wie aufgepeitscht. Der Ho Chi Minh-Mann schritt auf Lin zu. Seine Stimme war vor Wut belegt.
»Was fällt dir ein? Wer gibt dir das Recht, so mit uns zu reden? Ich habe dich gewarnt!«
»Was mischst du dich ein? Eine Unverschämtheit!« – »Bist du von Sinnen? So ein junges Ding!« Die Stimmen schallten durcheinander. »Was fällt dir ein! Hast du sonst nichts zu tun?«
Lin trat unbewußt einen Schritt zurück. Durch die Wucht ihrer Angriffe war sie augenblicklich in die Passivität gedrängt. »Haltet euch zurück«, murmelte sie. Das Zittern ihrer Stimme regte sie auf und ließ ihren Zorn zurückkehren.
»Ich sage euch, laßt den alten Mann in Ruhe!« rief sie.
»Du brauchst dich nicht zu sorgen«, sagte der Lama freundlich und legte seine Hand auf Lins Arm. »Ich besitze einen Erlaubnisschein. Ich bin gekommen, um zu sehen, was den Krieg überdauerte.« Er blickte den Mann in den weiten, geflickten Hosen an. »Du kannst den Schein gern sehen, wenn du es willst.«
Der Mann winkte plötzlich ab, und Lin sah, daß der rechte Unterarm infolge einer Verletzung steif war. Auch der Lama hatte es bemerkt.
Sie starrten sich gegenseitig an.
»Was ist?« fragte der Mann. »Was hast du?«
Die Augen des Lama wanderten von der rosigen Narbe am Ellbogengelenk zum Gesicht des Mannes. »Meine Augen haben viel von ihrer Kraft verloren«, sagte er unsicher. »Aber mir ist, als sollten wir uns kennen.«

Der Mann zögerte und starrte den Lama an. »Dann bist du – der Abt von Siem Reap ... O Buddha, welch ein Zufall!«
»Ich war es«, murmelte der Lama. »Doch das ist lange her. Das Kloster liegt in Trümmern. Vorbei ... vorbei ...«
»Es tut mir leid, daß wir dich so behandelten«, sagte der Mann.
»Jetzt kenne ich dich wieder. Dir ist großes Unrecht geschehen. Jetzt lebst du also in den Trümmern hier.«
Der Abt lächelte leise. »Was tut es? Ich bin auf geweihtem Boden. Der Ort, auf dem man Jahrhunderte hindurch dem Höchstvortrefflichen Gesetz diente, mag auch mir genügen. Und Unrecht, was ist das? Ich bin zu nahe an den Pforten der Erlösung aus der irdischen Gestalt, um nach Recht oder Unrecht zu fragen. In kurzer Zeit schon werde ich über allem Warum und Wozu sein.«
»Der Abt von Siem Reap!« rief eine der Frauen. »Der Heilige! Der Wundertäter! O Buddha, denke an unser Kind«, wandte sie sich an den Mann, der seine Hand über den vernarbten Ellbogen gelegt hatte. »Er könnte uns helfen. Es ist ein Gesegneter.«
»Ich bin ein Suchender, ein Wanderer auf dem Mittleren Pfad«, murmelte der Abt hilflos. »Kein Arzt und kein Zauberer.«
»Wir geben dir, was du verlangst«, rief die Frau. »Das heißt – was wir haben. Viel ist es nicht, aber ...«
»Sprich nicht weiter, du Mutter eines Kindes, denn ich kann dir nicht helfen. Ich kann es nicht. Ich bin kein Magier, kein Fakir.«
»Ihr habt ihn beleidigt«, rief die Frau bitter. »Nun hilft er uns nicht.«
Sie zerrte das Kind, das sie, in ein Tuch gewickelt, auf dem Rücken getragen hatte, nach vorn und hielt das Kind dem Lama entgegen. Ein winziges Gesicht, fahl und abgemagert, unter verklebten, schweißnassen Haaren wurde sichtbar.
»Hilf dem Kind!« flehte die Frau. »Du kannst es, Heiliger! Es

wird sterben, wenn du nicht hilfst. Es ist alles, was uns geblieben ist, Erhabener.«
Der Abt fiel der Frau in den Arm, die vor ihm niederknien wollte. »Nicht, bitte«, flüsterte er. »Ich habe keine Macht über das Leben.«
»Es sind böse Zeiten für die Männer der Gelben Lehre«, sagte einer der Umstehenden. »Macht über das Leben! Wie kann er über irgend etwas Macht haben, wenn er in den Trümmern nach vergessenen und vergrabenen Kostbarkeiten suchen muß!« Er funkelte den alten Mann mit vorgerecktem Kopf an. »Wie nennst du das, was du hier tust? Dienst an deinem lächelnden Götzen?«
»Ich diene keinem Götzen«, murmelte der Abt. »Alles, wonach es mich verlangt, ist Erleuchtung. Wo könnte ich sie eher finden als an solchen Orten.«
»Wirklich? Zwei Pfeile in einem Köcher sind besser als einer, wie?« Der Mann lachte. »Während er nach Schätzen gräbt, sucht er Erleuchtung. Wenn das nicht praktisch ist! Du hoffst wohl auf ein Wunder?«
»Nicht für mich. Nicht mehr für mich. Alles Begehren ist Wahn und neue Fessel an das Rad. Aber ich weiß auch, es gibt allerlei Tugend, wo man sie gar nicht erwartet.«
»Reden und reden! Ein Affe fällt nicht vom Baum. Seit mehr als zweitausend Jahren reden sie, und nichts hat sich geändert!«
»Diesmal kann es gelingen«, flüsterte der Abt. »In schweren Zeiten hat der Herr immer auch eine Chance.« Er deutete auf den Kessel über dem Feuer. »Ich lade euch zu einer Tasse Tee ein. Für alle wird es nicht reichen. Aber wir können leicht frischen Tee kochen.« Er zog seine Messingdose hervor und reichte sie dem Sprecher.
Eine Viertelstunde später tranken sie Tee. Sie saßen mit untergeschlagenen Beinen in einem weiten Kreis um das Feuer. Lin beteiligte sich nicht an den Gesprächen. Sie genoß es, wieder unter Menschen zu sein, die mit sich selbst beschäftigt

waren, die keine Fragen und keine Forderungen an sie hatten.
Höflich, freundlich saß der Abt gegen die Wand gelehnt. Zuweilen verzog sich sein Gesicht in der Andeutung eines teilnehmenden Lächelns. Doch Lin sah, daß die Augen des alten Mannes unbeteiligt blieben, was auch geschah. Hin und wieder wanderte sein Blick zur Buddhastatue hin. Was fand er dort? Ein Ausdruck von Leere und unendlicher Stille strömte für sie von den sanften Lippen und aus den gesenkten Augen des Erleuchteten: tiefste, abstrakte Versenkung, ein Lächeln, das im Grunde Abwehr blieb, ohne Verheißung und ohne menschliche Wärme. Aber vielleicht sah sie das auch falsch. Ganz sicher erschlossen sich die Wahrheiten einer Jahrtausende alten Philosophie nicht in ein paar Minuten. So einfach war das nicht.
Die Mutter des kranken Kindes hatte sich zu Lin gesetzt. Bis zur Unkenntlichkeit in Tücher gehüllt, lag das Mädchen zwischen ihnen und wimmerte vor sich hin.
»Was hat es?« fragte Lin.
Die Frau hob den Kopf, Tränen in den Augen. »Ich weiß es nicht. Niemand, den wir auch fragten, weiß es«, flüsterte sie. »Aber es wird sterben, ich spüre es, wenn nicht noch ein Wunder geschieht.«
Nun, damit war nicht zu rechnen. Lin nickte teilnehmend.
»Die Götter sind weit weg«, sagte die Frau resigniert. Sie war vorzeitig gealtert. Erste graue Strähnen zeigten sich in ihrem Haar. Wahrscheinlich war sie nicht einmal dreißig.
»Die Götter haben immer nur Macht über die, die an sie glauben.« Lin zog die Beine an und legte das Kinn auf die Knie. »Was sagen die Ärzte?«
»Ärzte!« Die Frau schnickte verächtlich den Kopf in die Luft. »Ich habe seit zwei Jahren keinen Arzt mehr zu Gesicht bekommen. Außerdem sind sie nicht an einem Kind interessiert. Nein, nein, das habe ich seit langem aufgegeben. Von ihnen ist nichts zu erhoffen.«

Lin nickte. »Was willst du jetzt tun?«
»Woher soll ich das wissen? Es gibt keine Hilfe mehr ... Wir wohnten in Kampong Tscham«, erzählte sie. »Es ging uns gut. Wir hatten ein eigenes Haus. Von unserer Veranda aus konnten wir die Schiffe auf dem Mekong sehen. Als die Khmer einrückten, begrüßten wir sie als Befreier. Nun wird endlich Ordnung einkehren, dachten wir. Nichts kann schlimmer sein als das, was wir schon hinter uns hatten, dachten wir. Wir waren alle bereit mitzuhelfen. Wir wollten ein Land ohne Klassen, eine Wirtschaft, die nicht Luxusgüter produzierte, sondern sich an den Grundbedürfnissen des Volkes orientiert, ein Land des einfachen Lebens, ein Bauernland, wie es der Struktur Kambodschas entspricht. Es blieb ein Traum.«
Lin nickte wieder. »Warum habt ihr Kampong Tscham verlassen?«
»Eines Morgens standen zwei Khmer-Soldaten vor unserer Tür. Sie erklärten, wir hätten die Stadt für zwei Tage zu verlassen. Außer der Verpflegung für diese zwei Tage habe alles im Haus zu bleiben. Die Türen dürften nicht abgeschlossen werden. Ich sagte, ich habe ein krankes Kind. Sie sagten, Ärzte würden auf uns warten. Sie ließen uns gerade zwei Stunden. Ich packte einen Kochtopf ein, etwas Reis und Fleisch und eine Bluse zum Wechseln. Mein Mann machte den Wagen fertig. Als wir aufbrachen, kamen etwa dreißig Menschen aus unserer Straße zusammen. Wir setzten die Kinder in das Auto. Die Erwachsenen gingen zu Fuß nebenher. Die Stimmung war nicht einmal schlecht. Wir dachten, zwei Tage sind schnell vorüber. Vor der Stadt konnten wir das Auto nicht mehr gebrauchen. Die Straße war hoffnungslos verstopft. Wir ließen es zurück und gingen zu Fuß weiter. Der Staub und die Hitze waren schrecklich. Wir tranken Wasser aus dem Mekong. Nach einer halben Woche waren alle krank. Neben der Straße starben die Menschen wie die Fliegen, Kranke wälzten sich im eigenen Schmutz, Kinder wurden geboren ... Sechs Wochen waren wir so unterwegs. Dann

steckten sie die Überlebenden in ein Arbeitslager. Wir mußten Orangenbäume pflanzen. Vor zehn Tagen konnten wir fliehen ...«

Ihr Mann wandte plötzlich den Kopf. »Nun gib schon Ruhe! Was hilft es? Es ist nicht zu ändern«, murmelte er. »Die Götter sind einfach gegen uns. Aber noch leben wir. Du mußt Geduld haben.«

»Es sind nicht die Götter«, flüsterte die Frau. Zwei rote Flecken brannten plötzlich auf ihren Wangen. »Er ist's – er! Warum hilft er uns nicht?« Sie deutete auf den Lama. »Was haben wir ihm getan? Weil wir jetzt arm sind? Ich gebe ihm, was er will ... was er will ... Ihm sind Kräfte eigen, die wir nicht besitzen.«

Lin schüttelte den Kopf. »Du irrst. Er ist ein Mensch wie wir alle. Er kann dir nicht helfen. Du darfst nichts Unmögliches von ihm verlangen. Er ist kein Arzt.«

Die Augen des Abtes ruhten auf einer Tänzerinnenskulptur: ein zartes mädchenhaftes Wesen, halb Göttin, halb Frau, mit schlankem Hals und sanft abfallenden Schultern, die fächerartig gerippten Gewandfalten ließen den Körper und die langen Beine ahnen. Das Gesicht, ganz dem Tanz hingegeben, lächelte, wie auf allen Statuen der Khmer-Epoche. Das Relief war mit einem zarten graublauen Moos überzogen. Als der Wind wechselte und der Rauch des Feuers über den Stein strich, löste er eine Panik unter den Insekten aus. Hunderte von Ameisen, jede ein Ei schleppend, jagten über den von Schatten und Sonnenkringeln zitternden Stein davon ins Dunkel.

»Er muß uns helfen«, beharrte die Frau. »Er ist meine letzte Hoffnung, und ich lasse ihn nicht.« Sie sprang auf die Füße, packte das Kind und kniete vor dem Abt nieder. »Heiliger«, flehte sie. »Rette dieses Kind. Hilf ihm! Schenke ihm die Gesundheit wieder ...« Ihre Lippen zitterten. »Alles haben wir schon versucht. Ich bin um die Säulenhalle des Tempels in Paitang gepilgert, ich habe kniend den Tempel durchquert.

Wir gaben ihm einen anderen Namen, wir steckten es in Knabenkleider, um die bösen Geister zu täuschen, wie mir meine Mutter riet. Es gibt nichts, was wir nicht schon versuchten«, flüsterte sie.

Der Abt war unter dem Drängen der Frau immer mehr erblaßt. »Ich bin kein Wunderheiler«, murmelte er, »was immer auch die Menschen sagen. Ich weiß, daß die Lehre des Herrn überladen ist mit Zauberei und Götzendienst. Seit Jahrzehnten trage ich's im Sinn, daß das Alte Gesetz nicht wohlbefolgt wird.«

»Ist denn alles umsonst?« bettelte der Vater. »Gibt es keine Hoffnung für uns, Heiliger?«

»Selbst unser Herr kann das Rad nicht rückwärts drehen«, flüsterte der alte Mann. »Es gibt nur einen Weg, um dem Kind zu helfen. Du mußt mit ihm in ein Krankenhaus. Niemand sonst kann ihm helfen.«

»Krankenhaus? Was du nicht sagst! Es gibt im ganzen Land kein Krankenhaus, das das Kind aufnehmen würde.« Der Mann starrte den Abt an. »Alle Hilfe besteht nur in Ratschlägen, die sich nicht verwirklichen lassen.«

»Vielleicht solltest du versuchen, über die Grenze zu kommen. Dort könnten sie dem Kinde helfen«, sagte der Abt leise.

»O Buddha! Und wie stellst du dir das vor? Glaubst du, dort warten sie nur auf mich und sagen: ›Sei gegrüßt, Genosse! Was können wir für dich tun? Wie können wir dir helfen?‹«

»Ich verstehe deine Bitterkeit«, sagte der Abt leise und tonlos. »Du sollst wissen, daß ich dir wirklich helfen möchte.«

»Und warum tust du's dann nicht? Warum tust du's nicht wirklich und gibst mir ein Amulett gegen die Geister der Krankheit? Oder einen Zaubertrank?«

Der Abt schüttelte den Kopf. »Es gibt keine Amulette und Zaubertränke, die dem Kind helfen könnten. Es gibt sie nicht. Das sind Irrlehren.«

»Was sagst du? Es gibt keine Hilfe! Was bleibt mir da noch?«

Der Mann stammelte vor Erregung. »Warum gibst du mir dann nicht dein Geld? Die Schätze, die du hier ausgegraben hast? Ihr seid doch reich! . . . Die Gläubigen zahlen gut für die falschen Segenssprüche . . .«
»Vielleicht waren wir einmal reich«, gab der Abt zu. »Aber wir sind es nicht mehr – nicht mehr in diesem Lande . . . Ich selbst war es nie«, sagte er ruhig und still. »Leider, denn man kann mit Geld sehr viel Gutes tun.«
Plötzlich sprang der Mann auf die Füße, stürzte auf den Abt zu und packte ihn an den Schultern. »Du willst nicht!« brüllte er. »Ich habe dich durchschaut.«
Jetzt drängten auch die anderen heran. »Laß ihn los!« Die Stimmen waren von Wut belegt. »Hör schon auf! Bist du von Sinnen! Willst du als Ratte wiedergeboren werden oder als Schnecke im faulenden Unrat! Laß ihn los!«
»Warum hilft er mir nicht?« Sein Zorn übermannte ihn. »Er soll mir helfen! Ich will nur, daß er mir hilft.«
»Wieviel Geld würdest du denn brauchen?« fragte der Lama leise.
»Viel Geld, wenn das Kind ins Krankenhaus muß. Sehr viel Geld! Alles Geld, das du hast.«
Der Abt nickte. »Du kannst mich loslassen. Ich gebe dir das Geld. Alles Geld, das ich besitze . . . Viel ist es nicht.« Er griff unter sein Gewand und zog einen Lederbeutel hervor, der an einer geflochtenen Schnur um den Hals hing.
Die Hände des Mannes zitterten plötzlich, als er die Münzen und Scheine sah. »Nein«, flüsterte er. »Ich will das Geld nicht. Es bringt Unglück. Ich kann es nicht nehmen.«
»Geld bringt weder Glück noch Unglück. Es wird allein darauf ankommen, welchen Gebrauch du davon machst. Du kannst es nehmen, da ich es dir gebe. Es sind Spenden, die fromme Gläubige mir zum Wiederaufbau des Klosters von Siem Reap überließen. Aber dazu wird es wohl nicht kommen – nicht solange ich in dieser Gestalt lebe.«
»Soll das heißen, daß du mir das Geld schenken willst?«

»Es gehört dir.«
Die Hände des Mannes zitterten, als er endlich nach den Scheinen griff. Es waren Banknoten in verschiedenen Währungen, sah Lin, und einige Goldmünzen.
Der Abt suchte eine Zeitlang in seinem Beutel, ehe er fand, was er suchte; dann überreichte er dem Mann eine kleine runde Scheibe aus dunkelbraunem, durch das Alter fast schwarzem Jade, auf der das Rad, das altbuddhistische Symbol des Lebens, eingeritzt war.
Er lächelte. »Gib das dem Kinde, wenn es erwachsen ist – zur Erinnerung an einen alten Mann, dem es dazu verhalf, Verdienst zu erwerben.« Er zeigte die Scheibe und fuhr mit dem Finger das Rad nach. »Vergangenheit, Gegenwart und Zukunft bilden eine Einheit. Wir alle sind auf dem Rad – aufwärts oder abwärts wandernde Leben von Geschlecht zu Geschlecht.«
»Nein, nein, nein!« Die Augen des Mannes weiteten sich vor Bestürzung. »Ich nehme das Geld nicht«, flüsterte er. »Ich kann es nicht ...«
Der Abt überhörte die Bemerkung. »Es wird trotzdem nicht einfach für dich sein, auch wenn du in Thailand bist. Zeige niemals alles Geld. Ich gebe dir auch etwas von meinen Vorräten. Du wirst dadurch Zeit sparen.«
Er erhob sich und schritt zu einer Mauernische, die hinter einer blühenden Akazie halb verborgen war. Dabei sah Lin die Bronzestatue, die zwischen mehreren Bündeln und Beuteln stand. Sie war etwa dreißig Zentimeter hoch. Die Bronze hatte sich verfärbt. Zwischen der lindgrünen Patina schimmerten noch Reste der einstigen Vergoldung. Es war eine sanftlächelnde Göttin, zart und voller Grazie. Einst mußte der Tempel viele solcher Kostbarkeiten besessen haben. Nun, das war lange vorbei und würde wahrscheinlich nicht wiederkehren.
»Da ist noch etwas – diese kleine Figur«, sagte der Abt. Die Worte kamen ihm nicht leicht über die Zunge, merkte sie. Er

zögerte, nahm die Statue hoch. Der Feuerschein spielte wie Wasser über das Metall. »Ich fand sie gestern zwischen den Trümmern. Sie ist alt, wertvoll und sehr, sehr schön. Sie stammt aus Tibet, vielleicht auch aus China – ein Geschenk, das man einmal dem Kloster hier machte. Sie ist eine Kuanyin, eine Göttin der Barmherzigkeit, die weibliche Inkarnation Buddhas. Die Legende erzählt, daß sie, als sie die höchste Stufe der Vollendung erreicht hatte und bereit war, in den Buddhahimmel einzugehen, wieder umkehrte, als sie das Weinen eines Kindes hörte. Sie wollte nicht glücklich sein, solange noch ein Mensch weinte«, flüsterte der Abt. »Sie ist sehr wertvoll, wertvoller als du es dir überhaupt vorstellen kannst. Ich schenke sie dir. Beim Verkauf mußt du dir Zeit nehmen, sonst wirst du nur einen Bruchteil ihres wirklichen Wertes erzielen. Mit dieser Göttin aus den Schneebergen wirst du den Krankenhausaufenthalt deines Kindes bezahlen können.«

»Ich kann die Figur nicht nehmen«, sagte der Mann. »Ich habe dich beleidigt.«

Der Abt schüttelte den Kopf.

»Ich glaube nicht an die Gelbe Lehre. Im Gegenteil, ich ...«

»Niemand erwartet von dir, daß du wegen dieser Figur deine Meinung änderst. Du sollst sie auch nicht behalten, sondern verkaufen. Nur verkaufen. Nichts sonst. Und in gewisser Weise tust du mir damit sogar einen Gefallen. Niemand weiß, was diesem Lande noch widerfahren wird. So gelangt sie vielleicht in Hände, die ihre einzigartige Schönheit zu schätzen wissen, denn niemand sonst wird bereit sein, einen so hohen Preis dafür zu zahlen.«

»Nein, Heiliger. Ich kann es nicht. Du bist der erste seit anderthalb Jahren, der mir zu helfen versucht, der gut zu mir ist – und dir soll ich die Figur wegnehmen ... Ich tue es nicht, und ich kann es nicht.«

»Nun redest du wie ein Narr«, sagte der alte Mann, und seine Feststellung wurde von dem Nachdruck unterstützt, den seine

Augen in Momenten der Entscheidung anzunehmen vermochten. »Du nimmst, was ich dir gebe. Und bedenke bitte, daß du sie für das Kind erhältst. Darum hast du auch kein Recht, sie zurückzuweisen.«

»Ich wollte, ich könnte an das glauben, was deinem Leben den Inhalt gibt, was es sinnvoll macht«, stieß der Mann plötzlich hervor. »Aber ich fürchte, ich kann es trotzdem nicht.«

»Darüber solltest du jetzt nicht nachdenken«, murmelte der Lama. »Zum Glauben braucht es Zeit . . . Er ist ein Geschenk, das sich nicht erzwingen läßt – und er ist ein leichtverderbliches Gut, dessen man sich nie ganz sicher sein kann.«

Lin sah auf den Abt. Er war zu seinem Platz zurückgekehrt. Versunken saß er da, fast so fern wie Buddha selbst und blickte auf die Kuan-yin, die lächelte, als lägen alle Blumen des Sommers auf ihren Lippen.

11.

Vier Tage später erreichten sie das Grenzgebiet. Fast unmerklich hatte sich das Land verändert. Der Dschungel war lichter geworden und dann zurückgeblieben. Sie hatten die Ebene der Sümpfe erreicht.

Lin tappte einen Damm von harter Erde entlang, der sich zwischen Reisfeldern hinzog. Wan, der ihr mit einigen Schritten Abstand folgte, verlor manchmal das Gleichgewicht und glitt ab. Dann wartete sie in der Dunkelheit, bis er wieder herankam.

Um sie dehnte sich das Land als grauschwarze Masse. Immer wieder forschte Lin nach Anzeichen eines Dorfes, doch sie sah nichts, so sehr sie auch die Augen anstrengte – nichts außer den tanzenden Leuchtkäfern, die sie begleiteten, und den zitternden Mondreflexen auf den Wasserpfützen.

Sie waren seit vier Stunden unterwegs, als Lin plötzlich stehenblieb. Wan, der hinter ihr herzottelte, den Blick am Boden, um nicht wieder in den schwarzen Schlamm zu stürzen, stieß gegen sie.

»Hinlegen!« Sie bückte sich und legte den Finger auf den Mund, um ihn zum Schweigen zu bewegen. »Ganz still!«

»Was ist, Lin?«

Sie lagen am Hang, dicht beieinander; nur ihre Gesichter ragten über die Böschung hinaus. »Ich glaube, wir müssen hier weg.«

»Was ist los?«

Sie blickte über die Felder. Es war gerade noch möglich, die dunklen Furchen, zwanzig Meter entfernt, zu sehen. »Leute kommen«, flüsterte sie.

Sie rannten einige Schritte weiter und ließen sich hinter einem Busch zu Boden fallen. Wan kauerte sich neben sie.

»O Buddha, ist das gespenstisch heute nacht«, flüsterte sie. »Direkt unheimlich ist das hier.«

»Aber was ist denn? Ich höre nichts«, zischte Wan mit einer Stimme, die für ihre geschärften Sinne klang, als sei sie über eine Viertelstunde weit zu hören.

»Leg dich doch hin!« Lin faßte nach seinem Arm. »Hörst du es jetzt? Schritte ... Da sind auch Stimmen.«

Dann sah Wan die Männer und zupfte Lin am Ärmel. Wie Scherenschnitte hoben sich die Umrisse dreier Soldaten gegen den Himmel ab. Sie gingen hintereinander. Jetzt hörten sie auch ihren Atem und das Klatschen der nackten Füße. Jeder trug einen Sack auf der Schulter. Deutlich waren die Läufe ihrer Schnellfeuergewehre zu erkennen.

»Soldaten«, stellte Wan sachkundig fest. »Was sind das für Soldaten?«

»So halte doch den Mund«, hauchte Lin. »Woher soll ich das wissen? ... Bin ich ein Hellseher?«

»Was ist das, ein Hellseher?«

»Jedenfalls einer, der klüger ist als du.«

Sie setzten ihren Weg fort. Leichte Wolken trieben am Mond vorbei. Nach hundert Schritten blieb Wan wieder stehen.
»Was ist das? Hörst du das?«
Auch Lin hatte die sonderbaren Laute gehört. Ihre Nerven waren aufs äußerste gespannt. »Tiere«, sagte sie. »Tiere, die in den Sümpfen leben.«
»Was für Tiere?« fragte er, dem Weinen nahe.
»Kröten ... Und weil sie solche Laute von sich geben, nennen die Leute sie auch Büffelkröten oder Brüllkröten.«
Wans Hand schob sich plötzlich in ihre. »Beißen sie?«
»Böse Buben manchmal, die zuviel fragen.« Aber sofort tat es ihr wieder leid. »Kröten beißen nicht«, sagte sie rasch. »Es sind harmlose Tiere, harmloser als Ratten und Schlangen.«
Wan lauschte mit gerecktem Kopf. Die Laute klangen wie ein dumpfes unterirdisches Getöse. Der Damm war schmaler geworden und brach immer häufiger unter ihren Schritten ein. Ständig rutschte er ab, klammerte sich mit beiden Händen fest und kletterte dann wieder zurück. Es geschah so oft, daß Lin nicht mehr wartete und er jedesmal laufen mußte, um sie wieder einzuholen. Das Lärmen der Kröten steigerte sich noch, bis ihre Ohren nichts anderes mehr wahrnahmen. Es klang dumpf und schwer und unregelmäßig wie das Dröhnen Hunderter kleiner Motoren.
Eine halbe Stunde später mündete der Damm in festes Land, das mit kniehohem Gras bewachsen war. Dann erreichten sie eine verwilderte Bananenpflanzung, und sie folgten einem Pfad, eingefaßt von Stauden, deren steife Blätter wie Papier raschelten und bis zum Boden reichten. Sie sah mehrere Stauden, die noch nicht abgeerntet waren – ein sicheres Zeichen, daß hier selten Menschen vorbeikamen. Sie brach ein Büschel ab. Die Bananen waren klein, einige bereits am Faulen, und sie aßen sie im Gehen.
Etwas raschelte neben ihr, und sie duckte sich. Sie spähte den Pfad entlang, um das Tier zu entdecken; doch zwischen den zitternden Schatten war nichts zu sehen. Es wurde wieder

ruhig, aber nach zehn Sekunden war das Geräusch wieder da. Ein Körper streifte an den Blättern vorüber, dann Stille, der ein hastiges Scharren folgte. Lin stand wie erstarrt und fühlte am ganzen Körper nichts als ihre Pulse.
Plötzlich sah sie einen schmalen Körper, der sich vorsichtig witternd auf sie zubewegte. Was konnte das für ein Tier sein? Für eine halbe Sekunde sah sie das struppige Fell im Mondlicht aufschimmern. Dann stand das Tier vor ihr. Die Schnauze berührte ihre Knie. Sie sah den wedelnden Schwanz – ein Hund! Ein einsamer, halbverhungerter Hund, der um etwas Liebe bettelte. Ihre Erleichterung war ungeheuer, und einen Augenblick lang fühlte sie sich versucht, ihm zuzureden und ihn zu streicheln. Aber dann verzichtete sie. Es war zu gefährlich. Das Tier würde ihnen folgen und sich ihnen anzuschließen versuchen. Das konnte sie nicht riskieren. Als sie die Faust hob, jagte es verschreckt davon.
»Warum hast du ihn weggejagt?« fragte Wan, dicht neben ihr.
»Weil wir nicht auch noch einen Hund gebrauchen können. Er würde bellen und hin und her jagen und uns verraten.«
»Ich will aber einen Hund.«
»Später. Wenn wir in Sicherheit sind. Vergiß nicht, daß wir noch über die Grenze müssen.«
»Wie weit ist es noch bis zur Grenze?«
»Woher soll ich das wissen? Ich nehme an, morgen nacht schaffen wir es. Morgen oder übermorgen, wenn wir uns auf den Beinen halten. Komm jetzt.«
»Ich bin müde.«
»Eine Stunde oder zwei hältst du noch durch.«
Lin orientierte sich an den Sternen. Sie folgten einem Pfad, der nach Nordwesten führte. Wan schlief jetzt vor Müdigkeit im Gehen. Immer wieder stolperte er über Erdaufwürfe. Einmal glitt er aus, geriet an den Hang, rutschte hinab und versank bis zu den Hüften in dem fetten, stinkenden Schlamm. Er schrie auf, schlug mit den Armen um sich, und

Lin mußte ihn aus dem Feld ziehen. Er weinte und wischte sich den Schmutz aus dem Gesicht. Sie suchte seine Habseligkeiten zusammen und steckte auch das Krokodil in ihren Beutel.
»Ich kann nicht mehr . . .«
Er war jetzt wirklich erschöpft, sah sie; aber sie konnten hier nicht bleiben. »Komm nur! Eine Weile geht es noch. Wenn es erst hell wird, werden sie uns hier entdecken, und dann war alles umsonst.«
Sie faßte ihn an der Hand und zog ihn hinter sich her. Während der nächsten halben Stunde sprachen sie nicht miteinander. Dann sah Lin plötzlich mehrere Schatten vor sich, die sich unruhig hin und her bewegten, aber sie konnte nicht erkennen, ob es sich um Tiere oder Menschen handelte.
»Hinlegen!« flüsterte sie. »Dort vorn ist etwas.«
Sie lagen zwei Minuten, dicht an den Boden gepreßt. Sie hörte den schweren Atem des Kindes neben sich. »Ganz still!« hauchte sie. »Was auch geschieht, du darfst nicht aufspringen und nicht schreien, hörst du?«
»Ja«, antwortete Wan neben ihrem Ohr. »Was ist denn?«
»Ich weiß es nicht. Bis jetzt sehe ich nur Schatten. Vielleicht sind es Tiere . . .«
»Hunde?« fragte er hoffnungsvoll.
»Bestimmt nicht. Eher Soldaten oder Flüchtlinge.«
Sein Interesse erlosch, und sie hörte an seinen Atemzügen, daß er dabei war einzuschlafen. Zwei, drei Minuten verstrichen. Nichts rührte sich, nur das Dröhnen der Büffelkröten schien ins Unerträgliche anzuschwellen. Dann fiel ein Schuß, zwei weitere folgten. Plötzlich peitschte ein langer Feuerstoß durch die Dunkelheit.
»Sind das die Thais?« fragte er aufschreckend.
»Unwahrscheinlich. So dicht sind wir noch nicht an der Grenze. Eher Khmer, die auf Flüchtlinge schießen.«
Es gab keinen Gegner, der das Feuer erwiderte, merkte sie. Vielleicht schossen die Soldaten auch auf gut Glück über die

Reisfelder. Dann ging ganz plötzlich ein langer Feuerstoß über ihre Köpfe.
Jetzt sah Lin auch die Flüchtlinge. In Panik rannten sie durch die Dunkelheit. Sie riefen einander irgendwelche Warnungen zu. Dann wurde einer getroffen. Eine Männerstimme rief etwas. Der Schmerzensschrei brach ab, rasch erstickt, und ging in ein langgezogenes Wimmern über. Plötzlich hörte sie einen matten Aufschlag: der Körper eines Menschen war in den Reisschlamm gestürzt. Wieder fielen Schüsse. Die Soldaten schienen sich in ihre Richtung einzuschießen. Dazwischen herrschte für Sekunden völlige Stille. Auch die Kröten hatten ihr Lärmen eingestellt, als lauschten sie in atemloser Neugier.
Lin hörte das Klatschen von Wasser. Die Kugeln rissen Erdbrocken aus den Dämmen, die dann in den Schlamm stürzten. Nach einer Weile hob sie den Kopf. Plötzlich sah sie die Umrisse von Palmen vor dem helleren Himmel. Dort mußte ein Wäldchen beginnen. Vielleicht konnten sie sich dort während des Tages verstecken.
Gerade wollte sie sich erheben, als eine neue Salve über sie hinweg peitschte. Menschen, die sie nicht sah, rannten in höchster Panik über den fetten, feucht klatschenden Boden. Rufe und Schreie wurden gewechselt. Dann wurde es wieder still. Das Ohr gegen den Boden gepreßt, hörte sie die Schritte der fliehenden Menschen. Es verstrich eine Viertelstunde.
»Es ist vorbei«, flüsterte sie. »Die Soldaten sind fort.« Sie erhob sich und nahm ihr Bündel auf. »Komm, wir müssen hier weg. Wenn es erst hell ist, werden die Soldaten das Land hier nach Toten und Verwundeten absuchen. Ganz in der Nähe ist ein Wäldchen. Dort schlafen wir.«
Wan kämpfte sich mühsam auf die Beine. »Ich kann nicht mehr«, jammerte er. »Ich kann nicht ...«
»Eine halbe Stunde noch«, tröstete Lin. »Mir fällt das Laufen auch schwer. Bis zu dem Wäldchen schaffen wir es noch.«
Sie faßte ihn an der Hand und zog ihn hinter sich her. Der

Lärm der Kröten hatte wieder eingesetzt: zuerst zwei, dann fünf stießen ihre schrillen Töne aus. Nun fielen auch die anderen ein. Ihr Brüllen wurde so gleichmäßig wie der Lärm in einer Maschinenhalle, so daß er nach kurzer Zeit dem Ohr nicht mehr auffiel. Nur wenn die Tiere jäh verstummten, kam es ihr wieder zu Bewußtsein. Sooft das geschah, ging Lin langsamer. Sie vertraute dem Instinkt der Tiere mehr als den eigenen Augen.
In ihrer Ermüdung kamen sie nur langsam vorwärts. Immer wieder musterte sie den Himmel, der noch schwarz und undurchdringlich war. Plötzlich stieß ihr Fuß gegen etwas Weiches. Ein Tier? Sie bückte sich und fuhr mit der Hand den Körper entlang. Sie berührte eine Jacke, dann fühlte sie, wie ihre Hand naß und klebrig wurde, und begriff, daß vor ihr auf dem Damm ein Toter lag.
Sie wandte sich um. »Wan«, flüsterte sie.
»Ja? ... Was ist?« Wans Stimme schien von weit herzukommen und klang, als sei er dabei, gerade wieder einzuschlafen.
»Vor mir«, sagte sie leise, »liegt ein Toter.«
»Was? ... Ich versteh' dich nicht. Sprich doch lauter.«
»Ein Toter liegt hier«, wiederholte Lin.
»Wer ist es denn?«
»Dummkopf!« flüsterte sie, ärgerlich wegen der dummen Frage. »Woher soll ich das wissen!« Dann hätte sie beinahe gelacht, als ihr das Absurde der Frage zum Bewußtsein kam.
»Sei vorsichtig!«
»Was?«
Jetzt fing Lin an, Wan tief und bitter zu hassen.
»Du sollst aufpassen, daß du nicht über den Toten stürzt. Mehr will ich nicht, verstehst du das?«
»Ja doch«, sagte Wan. »Vielleicht hat er etwas dabei, das wir gebrauchen können. Soll ich nachsehen?«
»Ja, aber rasch!« Daran hatte sie noch gar nicht gedacht.
Wan tastete, plötzlich wach geworden, auf dem Boden umher

und brachte einen Kessel und einen Leinenbeutel heran.
»Darf ich den Beutel tragen?« fragte er.
»Wenn du willst. Aber ich denke, du bist zu müde.«
»Jetzt nicht mehr.«
»Also dann weiter.«
Allmählich begannen sich die Reisfelder aus der Finsternis zu lösen. Dunkle Inseln verwandelten sich in Baumgruppen. Die Nacht schwemmte zurück und gab ständig neue Einzelheiten frei. Doch es war noch immer ein langsamer Vorgang. Ein erster fahler Streifen überzog den Himmel und färbte sich rot, während er gleichzeitig wuchs. Die Blätter, die Baumstämme und schließlich auch das Gras tauchten mit ihren Formen, Farben und Düften aus der Dunkelheit.
Lin wies auf eine Baumgruppe. »Dort machen wir halt und schlafen erst einmal.«
Sie tappten zwischen den Bäumen hin. Kurzes, gelbliches Gras, das wie Flechten aussah, bedeckte den Boden. Wan warf seine Habseligkeiten neben sich und sank zu Boden. Er untersuchte nicht einmal den Beutel. Lin legte sich neben ihn. Sie war nicht weniger erschöpft als das Kind. Undeutlich dachte sie daran, daß es eine gefährliche Sache war, hier einfach zu schlafen. Aber plötzlich brachte sie keine Kraft mehr auf. Das letzte, das sie mit in den Schlaf nahm, war das Brüllen der Kröten. Doch es hatte erheblich an Stärke verloren. Nur die hartnäckigsten setzten ihr Lärmen fort. Wan schlief fest. Er atmete stoßweise und gequält, als sei er noch immer auf dem Marsch.

12.

Als Wan erwachte, war er allein. In einem Anfall von Panik blickte er sich um, aber dann sah er Lin und lief zurück zum Waldrand. Die leeren Reisfelder waren kahl und grau. Die weiten Flächen überschwemmten Landes blinkten stumpf wie Bleiplatten. Er war noch immer müde, vor allem aber war er hungrig. Weiter weg war ein von Stechginster eingefaßter Sumpf. Dann und wann ließ ihn ein Wassergeplätscher aufblicken. Ein Vogel jagte dort nach Beute.

Lin kniete am Boden. Als sie ihn sah, legte sie den Finger auf den Mund. Er trottete zu ihr hin. Die letzten Schritte trat er nur mit den Zehenspitzen auf.

Vor ihr saß eine Eidechse. Das Tier hatte den Kopf leicht aufgerichtet und schien sich in einer letzten Anspannung zu konzentrieren. Lin kniete nur einen knappen Meter hinter dem Schwanz. Sie hatte ein Bananenblatt in der Hand, aus dem sie einen dünnen Streifen riß, den sie zu einer langen Schnur rollte. Dann machte sie daraus eine Schlinge; neben ihr lag ein Bambusstock.

Wan betrachtete die Eidechse. Ein Sonnenstrahl ließ den bronzegrünen Rücken aufleuchten. Wan sah die feinen Zeichnungen und Muster. Er hatte schon gelegentlich Eidechsen gefangen und mit ihnen gespielt. Jetzt blinzelte die Eidechse und hob den schmalen Kopf um wenige Millimeter. Plötzlich sah Wan auch die Fliege: eine winzige, grünschimmernde Fliege, die sich auf einem Blatt sonnte und die Flügel putzte.

Die Eidechse kroch mit so verstohlener Bewegung vorwärts, daß es kaum zu merken war. Sie verhielt, rückte weiter, verhielt erneut, erstarrt wie ein Stück Feuerstein. Jetzt war sie nur noch wenige Zentimeter von ihrer Beute entfernt. Unbeweglich wartete sie. Eine magische Kraft ging von ihr aus, ein Strahlenkranz der Spannung schien über ihr zu hängen.

Die winzigen Krallen zogen sich zusammen, der Schwanz hob sich um Haaresbreite. Jetzt schoß der dünne Faden der Zunge hervor: die Fliege war verschwunden. Die Eidechse schluckte, die Krallen entspannten sich, wurden flach. Die runzeligen Augen schlossen sich wie in müdem Überdruß.

Lin hatte die Schlinge an der Stange befestigt und kroch mit dem vorgehaltenen Stock näher. Die ovale Schlinge neigte

sich und schaukelte vor dem Kopf des Reptils. Die Eidechse öffnete die Augen, zitterte jäh und zeigte beim Sprungansatz überraschend lange Läuferbeine. Lin riß die Bambusstange hoch: die Schlinge zog sich um den Hals des Tieres zusammen. Die Eidechse schlug um sich, ihr Schwanz peitschte gewaltig die Blätter. Plötzlich löste sich die Schlinge, und das Tier war verschwunden.
Wan lachte und klatschte vor Begeisterung in die Hände. »Sier ist fort! Einfach weg«, jubelte er mit seiner schrillen Stimme.
»Dummkopf!« sagte Lin, halb ärgerlich, halb von seinem Lachen bezwungen. »Sie hätte das Fleisch zu unserem Reis liefern sollen. Jetzt essen wir ihn eben ohne.«
Minuten später kochten sie Reis, dann machten sie Tee. Der Kessel, den Wan bei dem Toten gefunden hatte, war nicht zu gebrauchen. Eine Kugel hatte ein daumengroßes Loch in die bauchige Wand gerissen. Wan schleuderte ihn in den Sumpf. Der Beutel enthielt einige zerdrückte Bananen, die sich mit dem Reis darin zu einem schmierigen Brei vermischt hatten.
Am späten Nachmittag unternahm Lin einen Erkundungsausflug und kehrte kurz vor dem Einbruch der Dunkelheit zurück. Es war ihr dabei gelungen, ein kleines Boot zu entdecken. Sie hatte es in ein Dorndickicht geschleppt und sorgfältig mit Gras und Zweigen abgedeckt. Mit etwas Glück, so hoffte sie, würde es in den nächsten Stunden niemand finden.
Als sie schließlich aufbrachen, warf ein schwacher Mondschein sein fahles Licht über die Reisfelder. Sie gingen hintereinander. Nach zwei Stunden machten sie eine kurze Rast und setzten dann den Marsch fort. Die leeren Reisfelder erstreckten sich zu beiden Seiten als graue Flächen mit gelben und silbernen Flecken, soweit sie in der Dunkelheit sehen konnten. Auf Lin wirkten sie wie ein riesiges Schachbrett mit unregelmäßigen Feldern. Nach Mitternacht begann es zu regnen. Zunächst waren es nur vereinzelte Tropfen, aber dann verstärkten sie sich. Ein bösartiger Wind wehte von Osten

heran. Wenige Sekunden später waren die Tropfen groß wie Hagelkörner. Der Himmel hatte seine Schwärze verloren und eine bleiern grüne Färbung angenommen: die Farbe undurchsichtigen Glases, aber dennoch war ein heller Schein vorhanden, als ob eine starke Lichtquelle hinter dem Glas stünde.
»Lin! Ich kann nicht mehr . . .«
»Meinst du für mich ist das angenehm?«
»Lin, Lin!« jammerte der Junge.
»Weiter!« rief sie. »Nur weiter! Wir haben es bald geschafft.«
Der Boden unter ihren Füßen verwandelte sich in eine fettige Schmiere und schließlich in klebrigen Schlamm. Sie hatte die Sandalen ausgezogen und watete barfuß weiter. Doch die nasse Erde drängte sich zwischen ihre Zehen und hängte sich an die Füße. Mit jeder Minute wurde es anstrengender, die Beine aus dem Schlamm zu ziehen.
»Lin!« flehte der Junge. »So warte doch! Ich kann nicht mehr . . .«
Sie blickte zurück und winkte. Es hatte wenig Sinn, ihre letzten Kraftreserven in einen nächtlichen Gewaltmarsch zu vergeuden, der ihnen doch nur wenige hundert Meter einbringen würde.
Sie deutete auf die Baumgruppe, die sich gegen die helleren Felder und Wasseradern abhob. Zuerst sah sie die Hütte gar nicht. Sie war hinter einem Gewirr von Bambus und hohen Kletterpflanzen fast völlig verborgen. Nur das Dach war zu erkennen, es war aus Gras, das seit Jahren nicht erneuert worden war und zu faulen begonnen hatte. Es war nicht ungefährlich, die Hütte aufzusuchen, wußte sie. Aber wenn sich dort Menschen aufhielten, hätte man sie längst gesehen.
Sie ging jetzt langsamer. Sie kam sich jämmerlich nackt und ungeschützt vor, als sie daran dachte, welch großartiges Ziel sie abgab. Sie wischte sich mit dem Handrücken den Regen, der unablässig über ihr Gesicht lief aus den Augen, um besser sehen zu können. Doch es war sinnlos. Das Blattwerk um sie

her war in flatterndem Aufruhr. Der Boden hatte sich in goldbraunen Schlamm verwandelt und schien lebendig zu sein.
Als sie die Frau auf der kleinen Veranda erblickte, blieb sie stehen. Die Frau musterte sie schweigend und trat dann in die Hütte zurück. Als Lin die Leiter erreichte, war sie überzeugt, niemals hinaufklettern zu können.
»Gib mir deine Sachen«, sagte sie. »Ich helfe dir.«
Der Junge kletterte unendlich langsam empor. Sie folgte ihm schweigend. Wenn er halt machte, wartete sie geduldig, bis er seinen Weg fortsetzte. Oben angekommen, stand sie zwei Minuten in der Dunkelheit, um zu verschnaufen.
Sie öffnete die Tür und sah eine winzige Feuerstelle, um die einige Menschen kauerten, die sich, wie sie, vor dem Regen hierher geflüchtet hatten. Sie zählte fünf Frauen mit Kindern und zwei Männer. Die Männer waren alt. Niemand sprach. Alle blickten sie mit besorgten Augen an. Sie wandte sich an einen der Männer. Jetzt merkte sie, daß der Mann gar nicht so alt sein konnte. Hunger, Furcht und Erschöpfung hatten sein Gesicht wie von innen ausgehöhlt. Die zitternden Lippen verrieten seine Bestürzung deutlicher, als es alle Worte vermocht hätten.
»Wir suchen etwas Schutz vor dem Regen, Bruder«, sagte sie.
Der Mann nickte. Er hielt eine kleine schwarze Pfeife in der Hand.
»Tretet ein«, sagte er. »Ihr seid willkommen.«
Eine viereckige Öffnung in der linken Seitenwand, die nur unvollkommen verstopft war, gab den Blick auf ein Stück des Nachthimmels frei. Auf dem aus Bambusstangen gebauten Boden lagen ein paar zerrissene Binsenmatten. Dicht neben dem qualmenden Feuer hockte eine Frau, die ihrem Baby die Brust gab. Während sie das Kind stillte, kaute sie unentwegt. Sie drehte den Kopf, ihr Blick suchte Lins Gesicht, dann wandte sie sich wieder ab und spuckte einen langen Faden

roten Speichels in das knisternde Feuer. Sie war so abgezehrt, daß die Haut unmittelbar auf den Knochen zu liegen schien. Eine alte Frau rückte beiseite. »Komm hierher, dicht ans Feuer, sonst wirst du dir mit dem Kind noch den Tod holen.«

»Danke«, sagte Lin. »Das ist sehr liebenswürdig.«

Sie schob Wan vor sich her auf den leeren Platz und ließ sich neben ihm nieder.

»Am besten, du ziehst dich aus«, sagte die alte Frau freundlich. »Ich trockne dir die Hose und die Bluse am Feuer. Wenn du dir eine Lungenentzündung holst, gibt es keine Hilfe.« Und als Lin zögerte, fügte sie hinzu: »Ich gebe dir eine der Matten, damit kannst du dich zudecken, und vor denen da . . .« sie deutete mit dem Kopf auf die Männer »brauchst du dich nicht zu schämen. Denen ist ein Napf Reis jederzeit lieber.«

Lin half Wan aus den Kleidern, dann zog sie sich selbst aus und schlug sich die Matte um die Beine. Mit hochgezogenen Knien wartete sie in dem Halbdunkel, während die Frau ihre Kleider aufhängte.

»Wir sind Kommunebauern aus dem nächsten Dorf und wurden vom Regen überrascht«, sagte der alte Mann und lächelte verlegen.

»Du brauchst bei ihr nicht zu lügen«, sagte die alte Frau. »Meinst du, sie weiß nicht, was mit uns los ist? Halte sie nicht für dümmer, als du selbst bist. Er ist mein Mann«, fügte sie dann hinzu, als erklärte das alles.

»Wir bleiben nur bis zum Ende des Regens«, sagte Lin beruhigend. »Habt ihr noch etwas zu essen? Ich bin zu müde, um jetzt Reis zu kochen. Ich gebe ihn morgen zurück.«

»Leider«, sagte der alte Mann, »haben wir auch nichts mehr.«

»Warum lügst du schon wieder?« sagte die Frau kopfschüttelnd. Dann wandte sie sich an Lin. »Wir haben wirklich wenig, aber eine Kleinigkeit ist schon noch da.« Sie flüsterte mit ihrem Mann, der schließlich aus dem Beutel eine halbe

Wassermelone holte und umständlich zwei Scheiben abschnitt.
»Hoffentlich wird er nicht krank davon. Er sieht nicht gut aus, und einen Durchfall hat man schnell.«
Lin blickte überrascht auf. »Er ist doch nicht krank.«
»Da bin ich nicht sicher«, murmelte die alte Frau. »Jedenfalls sind unreife Melonen aus dem Moor gefährlich, und er muß sich vorsehen. Er besteht nur noch aus Haut und Knochen. Einen Durchfall kann er sich nicht leisten.«
Wan hatte bereits begonnen, die Fruchtspalte auszusaugen; aber essen wollte er nicht.
»Hast du keinen Hunger?« fragte Lin verwundert, während sie die Scheibe bis zur Rinde abnagte und die Kerne ins Feuer spuckte. »Du mußt etwas essen.«
Wan blickte sie aus trüben Augen an. Sein Gesicht war gerötet und wirkte verschwollen. »Ich kann nicht«, sagte er.
Seine Stirn war heiß, stellte sie fest. Hoffentlich bahnte sich hier nicht eine Erkältung an. »Gut, dann schlaf erst mal. Später sehen wir weiter.«
»Mir ist kalt . . . Ich friere.«
In einem plötzlichen Impuls wollte sie dem Jungen die Matte geben, aber dann sah sie die beiden Männer, die sie nicht aus dem Blick ließen.
»Habt ihr sonst nichts zu tun? Was starrt ihr so!« Auch die alte Frau war aufmerksam geworden. Sie hängte Lins Bluse und Hose ab. »Zieh sie wieder an. Sie sind zwar noch nicht trocken, aber es wird schon gehen. Sonst fallen den beiden noch die Augen aus dem Kopf.«
Lin schlüpfte in ihre Kleider. Sie waren noch feucht, und sie fröstelte; aber der dünne Stoff würde auf der Haut rasch trocknen.
»Lin, ich bin krank«, sagte Wan leise, als verkünde er ein großes Geheimnis.
»Krank? Du bist nicht krank. Du kannst doch jetzt nicht einfach krank werden.« Aber das gerötete, verschwollene

Gesicht war deutlich genug. Sie packte ihm die Matte um die Schultern. Doch das war keine Lösung, wußte sie.
»Es hat ihn erwischt«, sagte die alte Frau und schüttelte besorgt den Kopf.
»Er wird uns noch alle anstecken«, flüsterte eine Stimme aus dem Hintergrund.
»Keine Sorge, ich werde ihn schon wieder hinkriegen«, versprach Lin, aber ihre Stimme klang nicht sehr überzeugend. »Zuerst muß ich allerdings selbst einmal eine Stunde schlafen.« Sie legte sich auf den Bambusboden neben Wan. Als sie wieder erwachte, war es noch immer dunkel. Eine Zeitlang rührte sie sich nicht und genoß die wohlige Wärme der Hütte. Dann merkte sie, daß die Frauen über Wan sprachen.
»Es sieht aus, als sei es eine Grippe«, hörte sie die Flüsterstimme, »und wir haben kleine Kinder hier. Ich will keine Grippe. Mir ist schon ein Kind gestorben. Ich will nicht auch noch dieses verlieren.«
»Es ist sicher nur eine Erkältung«, sagte die alte Frau.
»Das ist mir egal. Und wenn es doch mehr ist?«
»Sie hat recht«, sagte eine andere Stimme. »Das Risiko ist zu groß. Das Kind muß weg. Wir waren zuerst hier.«
»Weg?« Lin setzte sich mit einem Ruck auf. »Und wohin? Wohin soll ich mit ihm?«
»Das ist uns gleich . . . Aber weg muß er.«
»Sehr anständig von euch!« Lin brauchte alle Kraft, um nicht zu schreien. Ich heule ja fast, dachte sie. »Ihr sagt, das Kind ist schwerkrank, und gleichzeitig jagt ihr uns fort. Wie stellt ihr euch das vor?«
»Wir stellen uns gar nichts vor. Der Junge kann nicht hierbleiben. Er muß fort.«
»Und wohin?« fragte Lin. »Könnt ihr mir auch sagen, wohin?«
Der jüngere Mann, der sich bisher nicht an dem Streit beteiligt hatte, hob den Kopf.
»Etwa zweihundert Meter von hier gibt es eine zweite Hütte.

Ich habe sie gestern entdeckt. Sie ist nur klein, eine Art Schuppen oder Speicher.«
Lin blickte reihum, aber niemand setzte sich für sie ein. »Also gut. Ich gehe.«
Niemand widersprach. Deutlich war in der jähen Stille das Rauschen des Regens zu hören. In einer Mischung aus Trotz und Enttäuschung suchte sie ihre Habseligkeiten zusammen und stand auf.
»In welcher Richtung liegt die Hütte?«
Der Mann deutete nach Nordosten. »Gar nicht weit. Aber du siehst sie erst, wenn du davor stehst. Sie liegt in einem Bananenblattgestrüpp.«
Sie nickte.
»Ich bringe zuerst meine Sachen hin«, sagte sie über die Schulter. »Aber keine Sorge, ich hole ihn schon.«
Der starke Regen hatte etwas nachgelassen, und der nasse Boden schwitzte Nebel aus. Sie kletterte die Leiter hinab und wandte sich nach Nordosten. Die Enttäuschungen der letzten Minuten hatten sie wachgerüttelt. Ihr Zorn war sogar noch stärker als ihre Furcht. Behutsam verfolgte sie ihren Weg. Der Wind hatte die Regenwolken aufgerissen, einige Sterne streuten ihr Licht auf das Wäldchen und besprenkelten Bäume und Büsche mit zitternden Reflexen. Einmal schwirrte ein Insekt über ihre Wange, sie schnippte es weg und stand zitternd in der Dunkelheit.
Nach etwa dreihundert Schritten sah sie die Bananenstauden. Die feuchten Blätter glänzten wie flüssiges Silber. Die Hütte glich tatsächlich mehr einem Versteck als einer menschlichen Behausung. Es gab sogar so etwas wie eine Tür. Sie stieß sie auf. Das Innere roch wie eine Raubtierhöhle, und wahrscheinlich waren hier auch immer wieder Tiere untergekrochen.
Sie legte ihr Bündel neben der Tür nieder, brach einige umstehende Stauden ab und fegte die Hütte aus. Sie arbeitete rasch, ohne sich eine Pause zu gönnen. Sie kehrte auch die Wände ab

und fuhr über das Innere des Grasdachs. Ein Geräusch ließ sie zusammenzucken.
Der junge Mann stand im Eingang, ein Bündel Reisig und einige Äste im Arm.
»Ich dachte, du könntest das Holz vielleicht brauchen«, sagte er zögernd.
»Wirf es nur hin. Und vielen Dank.«
»Wenn du willst, mache ich dir auch Feuer.«
Sie schüttelte den Kopf. »Furchtbar nett. Aber ich komme schon zurecht.« Doch dann besann sie sich. Es war töricht, seine Hilfe zurückzuweisen. »Gut, wenn du willst. Ich heiße Lin. Und vielen Dank für die Hilfe.«
»Kheng.«
Der Mann schichtete das Reisig sorgfältig auf und gab trockenes Holz darüber. Sogar an Späne hatte er gedacht, merkte sie. Schließlich zündete er das Reisig an. Er wartete, bis die Flammen an dem Holz emporkrochen, dann legte er auch einige nasse Äste auf.
»Das wird das Ungeziefer vertreiben«, erklärte er durch den dicken, kriechenden Rauch. »Ich hole dir jetzt noch etwas Gras als Polster und die Matten. Dann bringe ich den Jungen.«
Lin kniete in dem Rauch und überwachte das Feuer. Sie hob den Kopf nicht, als Kheng schließlich mit Wan herankam. Als er ihn nackt auf die Decke legte, erschrak sie.
Die Haut war gerötet und spannte sich über der Brust, als sei sie geschrumpft. Die Augen waren fest geschlossen und verklebt. Er atmete wie ein Schnelläufer.
»Was willst du jetzt mit dem Kleinen machen?«
Auch die alte Frau war gekommen. Obwohl sie fast sechzig sein mußte, hatte sie den Weg durch die Dunkelheit gewagt.
»Ich weiß es nicht«, sagte Lin. »Ich nehme an, er braucht vor allem Ruhe und Wärme.«
Die alte Frau schüttelte den Kopf. »Soviel Zeit bleibt dir nicht. Morgen, spätestens übermorgen mußt du hier weg.

Wenn sie dich finden, war alles umsonst.«
»Man müßte etwas gegen das Fieber tun.«
»Richtig«, sagte die alte Frau. »Es gibt ein Mittel«, meinte sie zögernd. »Eine Radikalkur. Ich habe sie bei meinen Kindern manchmal angewandt, aber es ist nicht ungefährlich – vor allem weil er so schwach ist. Er müßte schwitzen. Richtig schwitzen! Nichts Besseres gibt es.«
»Und wie macht man das?«
»Laß mich mal! Ich versuche es. Eigentlich kann es nur besser werden, nicht wahr? ... Ich brauche ein nasses Tuch. Eiskalt muß es sein.«
»Woher soll ich ein Tuch bekommen?«
Die alte Frau dachte nach. »Du nimmst sein Hemd«, entschied sie. »Du gehst jetzt raus und machst es naß. Aber richtig! Nicht nur einen Zipfel, verstehst du?«
Lin verließ die Hütte. Sie fand eine Pfütze, zog das Hemd durch das Wasser und kehrte zurück. Inzwischen hatte Kheng das Feuer geschürt.
Die alte Frau entkorkte eine Flasche, die einmal amerikanischen Whisky enthalten hatte. »Öl«, erklärte sie. »Palmöl ... Ich trage es seit drei Monaten mit mir herum. Es stammt noch aus unserem Dorf.«
Sie goß etwas in einen Handteller und fuhr damit über Wans Körper. Nackt lag er auf der Matte, kaum kräftiger als ein Sechsjähriger. Sie massierte das Öl in die Haut, zuerst in die Brust und den Bauch, dann auch in die Oberschenkel. Wan stöhnte auf, weinte und suchte sich ihren Händen zu entwinden. Doch sie gab nicht auf.
»Festhalten!« schnaufte sie. Sie geriet ins Schwitzen. Dann löste Lin sie ab. Schließlich drehten sie den Jungen auf den Rücken. Wan wehrte sich erbittert. Sobald ihre Hand trocken war, goß sie neues Öl darauf. Wan stöhnte verzweifelt, schrie und schlug nach ihr; aber sie rieb weiter, bis ihr die alte Frau in den Arm fiel.
»Genug«, entschied sie. »Das reicht. Jetzt in das nasse Hemd

– und Feuer! So stark wie nur möglich.« Kheng schürte die Flammen und legte noch mehr Holz auf.
»Genug«, erklärte er schließlich, »sonst brennt uns die Hütte ab.«
Lin nickte.
»Wann werden wir wissen, ob es geholfen hat?«
»Ein paar Stunden dauert es schon. Nächste Nacht ist er wieder auf den Beinen, wenn wir Glück haben.«
Die alte Frau stand wieder da, noch schnaufend von den Anstrengungen und starrte ins Feuer.
»Ich habe fünf Kinder zur Welt gebracht«, sagte sie nach einer Weile. »Ich habe sie alle heranwachsen sehen. Zwei von ihnen sind mir gestorben, und einer hat nichts mit dem Leben anfangen können ... Nun sind sie alle fort, und ich weiß nicht, was es mit ihnen gegeben hat. Ach, zusehen zu müssen, wie sie in diesem mörderischen Krieg verschwinden, das ist schon hart.« Ihr Stimme hob sich und wurde etwas lauter. Sie schüttelte den Kopf in einem krampfigen Erbeben. »Nun ist auch unser Haus weg. Denken, daß alles, auf das ich meine Hoffnung für das Alter setzte, verloren ist ... Oh, das ist schwer zu ertragen.«
Sie schwieg. Die Tränen liefen ihr über die Wangen. »Das Öl stammte noch aus meiner Küche, aber ich habe es gern gegeben, wenn es ein Leben rettet ... Ich hätte nicht gedacht, daß ich noch einmal die Möglichkeit finden würde, einem Kind zu helfen.« Sie fuhr sich mit dem Handrücken über die schwimmenden Augen.
»Schwer ist das alles ... zu schwer!«
Niemand sprach. Es blieb eine Weile still. Nur das Feuer knisterte und knackte.
»Ich danke dir«, sagte Lin leise.
»Schon recht«, flüsterte die alte Frau. »Schon recht ... Wenn das Kind aufwacht, wird es Hunger haben. Du solltest etwas Kräftiges bereithalten.«
»Etwas Kräftiges?« Lin fielen die Kröten ein. »Ich könnte

versuchen, einige Kröten zu fangen. Daraus ließe sich eine Suppe kochen.«
Die alte Frau nickte. »Fische wären auch nicht schlecht.«
»Ich helfe dir«, sagte Kheng. »Zu zweit geht es rascher.«

13.

In der Dämmerung des nächsten Nachmittags fanden sie ein leeres Reisfeld, das von einem mannshohen Damm eingeschlossen war. Mit etwas Glück waren sie hier vor fremden Augen sicher. Kheng hatte zwei Bambusstöcke besorgt. Jetzt zog er sein Zunderfeuerzeug aus der Tasche, schlug den Stein, entzündete den Docht und blies kräftig darauf, ehe er ihn an ein Bündel Kokoshaar hielt, das er an einen Ast gebunden hatte, der in dem Damm steckte.
Schritt um Schritt stieg er in das schlammige Feld. Die Kröten verstummten, sobald er in ihre Nähe kam. Behutsam bahnte er sich einen Weg durch die Gräser und den Ginster.
»Hier leben sie«, flüsterte er und deutete auf die kleinen Erdhügel ringsum. »Kommst du jetzt?«
Lin hatte ihre Hosen hochgekrempelt und folgte ihm zögernd in das warme Schlammwasser bis zu den Erdaufwürfen, die an Maulwurfshügel erinnerten.
Es ekelte sie. Der Schlamm stank, und jeder Schritt kostete sie Überwindung, und sie hatte ständig gegen die Vorstellung anzukämpfen, auf irgendwelche fressenden oder saugenden Schlammtiere zu treffen. Einmal trat sie auf einen Stein und wäre vor Schreck fast in das Wasser gestürzt. Hinzu kamen die Blasen, die in unregelmäßigen Abständen aus dem schokoladenfarbenen Schlamm aufstiegen, opalisierende Kugeln, die lautlos wuchsen, größer wurden und dann barsten.
»Dort!« hauchte Kheng. »Dort sitzt eine.«
Lin glaubte die Kröte zu sehen, hob den Stock und schlug zu.

Doch das Tier war verschwunden. »Fort«, sagte sie bedauernd und wischte sich den Schlamm aus dem Gesicht.
Kheng deutete auf den langen, bewachsenen Damm, und sie watete auf ihn zu. Bei jedem Schritt spürte sie die Wasserpflanzen, die sich um ihre Beine schlangen, als wollten sie sie am Gehen hindern. Der blasse Widerschein der Fackel schimmerte ihr aus dem dunklen Wasser entgegen. Da war etwas! Jetzt, befahl sie sich. Zwei rasche Stockschläge. Sie sah einen leblosen Körper im Wasser treiben und zog die Kröte heraus. Als sie die kalte, schlüpfrige Haut berührte, hätte sie das Tier am liebsten wieder weggeworfen.
»Gib mir das Tier«, flüsterte Kheng. »Und keine Angst, sie tun dir nichts. Sie sind völlig harmlos.«
Das wußte sie auch. Trotzdem war es ihr unangenehm und kostete sie Überwindung, weiterzumachen. Die Kröten besaßen ihre Erdlöcher entlang des Damms. Als Kheng mit der niederbrennenden Fackel näherkam, sah sie die Tiere deutlich. Mit klopfenden Kehlen und großen goldgefaßten Augen kauerten sie reglos unter dem Ufergras. Das Licht schien sie zu blenden. Aber vielleicht war es auch Neugierde. Sie rührten sich nicht, so lange um sie her alles ruhig blieb. Sie mußte sie jedoch mit dem ersten Schlag treffen. Die leiseste Bewegung löste den Bann. Dann jagten sie davon, schneller als sie ihnen mit den Augen folgen konnte. Mit gespreizten Beinen tauchten sie in dem schwarzen Wasser unter, das sich mit einem dumpfen Schwappen wieder über ihnen schloß.
Lin suchte weiter. Schritt um Schritt durchforschte sie jeden Erdhügel. Dabei stellte sie fest, daß sich die Kröten genau in Höhe des Wasserspiegels hielten. Mit erhobenem Stock und vorgebeugtem Oberkörper, das Gesicht nur wenige Zentimeter über den Gräsern tastete sie sich den Damm entlang. Manchmal sprang eine Kröte unmittelbar vor ihr auf, dann brauchte sie jedesmal alle Kraft, um nicht aufzuschreien und davonzulaufen. Gelegentlich mußte sie auch erkennen, daß sie noch immer nicht aufmerksam genug gewesen war, denn

zuweilen löste sich aus dem Grasbüschel, den sie gerade durchforscht hatte, doch ein Körper. Auf diese Art verfehlte sie mehrere Tiere und wollte sich schon enttäuscht abwenden, als sie ein schwimmendes Augenpaar entdeckte, das unmittelbar auf dem Wasserspiegel zu sitzen schien.

Reglos kauerte sie davor und hielt den Atem an, ohne es zu merken. Plötzlich schien ihr nichts im Leben wichtiger zu sein als diese Beute. Jetzt hob sich der Kopf, als wollte er sie verspotten. Sie sah das breite Maul und den Ansatz des warzigen Hinterkopfs. Der übrige Körper blieb auch weiterhin unter Wasser.

Sie holte um eine Winzigkeit aus und schlug mit dem Bambusstock zu. Ein mißtönendes Kroch erscholl. Es klang, als schlage sie auf einen winzigen Ledersack, aus dem die Luft entwich. Keuchend, voller Ekel stand sie im Wasser, der aufspritzende Schlamm hatte sie blind gemacht. Sie wischte sich das Gesicht, spuckte voller Abscheu, dann suchte sie das Tier. Sie tappte einen Schritt auf den Damm zu und fuhr mit gespreizten Fingern das Wasser entlang. Gras sammelte sich in ihrer Hand, dann spürte sie etwas Kaltes, Weiches; aber sie griff zu und zog den Körper, zusammen mit einem Büschel Wasserpflanzen, aus dem Sumpf.

Das Tier war tot. Schlaff lag die Kröte mit hängenden Beinen in ihrer Hand: ein ungewöhnlich großes Tier mit festem weißem Bauch. Sie wußte nicht, wohin sie es stecken sollte. Schließlich watete sie zurück zum Pfad und warf die Kröte auf das trockene Land.

»Ich habe wieder eine«, rief sie voller Stolz.

»Prima! Aber du darfst nicht reden. Sie sind schlauer, als man denken sollte.« Kheng war gerade dabei, eine neue Fackel zu binden. »Wie viele hast du jetzt?« fragte sie.

»Neun.«

»Dann müßte es ja bald reichen. Wie viele werden wir brauchen?«

»Etwa zwanzig, nehme ich an.«

Sie jagten, bis auch die zweite Fackel erlosch, denn kletterten sie auf den Pfad zurück und zählten die Tiere: achtzehn Kröten. Der Mann durchbohrte sie mit einem Draht, zog eine Schnur hindurch und hängte sie kopfabwärts über die Schulter.
»Damit müßten wir auskommen. Gehen wir zurück.«
Lin zögerte. »Ich würde mich gern noch etwas waschen.«
Der Mann nickte und setzte sich ans Ufer. Geduldig wartete er, bis sie herankam. Es war jetzt überraschend still im Moor. Die Kröten hatten ihr Gebrüll noch nicht wieder aufgenommen. Ein leichter Wind zauste die Schäfte der Wasserbambusstengel. Weiße Wolken trieben am Mond vorüber.
»Wann wollt ihr über die Grenze?« fragte sie, da der Mann von sich aus nicht sprach.
Er zuckte die Schultern. »Übermorgen ... Vielleicht auch erst in drei Tagen. Das läßt sich nicht voraussagen.«
»Bist du allein?«
Er schüttelte den Kopf. »Meine Schwester mit den beiden Kindern ist in der Hütte ... Ich kümmere mich um sie, seit ihr Mann vermißt ist. Er ist schon zwei Jahre vermißt. Die ganze Zeit über hat sie auf ihn gewartet ... Vor acht Wochen erhielt sie eine Nachricht, daß er gefallen ist. Nun will sie über die Grenze wegen der Kinder.«
Lin nickte. »Und du bringst sie hinüber? Bist du nicht verheiratet?«
»Doch«, sagte er nach einer Pause und blickte über die leeren Felder, in denen das Wasser wie schmutziges Silber stand. »Ich war es ... Meine Frau wurde evakuiert, irgendwohin in den Norden. Das war schon vor anderthalb Jahren, und dort zwangen sie sie zu einer neuen Heirat. Das geht ganz einfach. Eines Tages teilten sie ihr mit, sie sei geschieden, unsere Ehe sei aufgelöst. Sie machten das auch mit anderen Frauen so ... Es war nichts Ungewöhnliches. Dann rief der Kommissar die Frauen zusammen und sagte ihnen, daß sie irgendwann in den nächsten Tagen wieder heiraten würden. Er setzte den

Hochzeitstermin fest und wies den einzelnen Frauen auch der Einfachheit halber die Ehemänner zu ... Es gab sogar ein Hochzeitsmahl mit Fleisch. Alle durften sich an diesem Tag sattessen.« Er sprach so leise, daß sie die bittere Ironie gerade noch heraushören konnte.

»Schlimm«, sagte Lin hilflos. »Ganz furchtbar schlimm ...«

Der Mann antwortete nicht. Lange Zeit starrte er auf die Reisfelder. »Dabei führten wir eine gute Ehe«, sagte er schließlich. »Es ging natürlich auf und ab wie überall ... Aber wir hatten weniger Streit als die meisten. Sechs Jahre waren wir verheiratet. Nun hat sie mich verlassen müssen«, murmelte er in einem vollkommen toten Ton. »Sie konnte nicht anders, schon der Kinder wegen, und weil sie leben wollte. Ich nehme es ihr nicht übel ... Sie war eine gute Frau, so lange es dauerte«, sagte er ins Leere. »Ich nehme es ihr nicht übel. In solchen Zeiten kommen eben Dinge vor, gegen die man machtlos ist, die stärker sind als alle Vernunft. Seit Monaten grüble ich darüber, warum sie so etwas machen ... Warum? ... Ich komme nicht dahinter. Manchmal denke ich, es wäre leichter zu ertragen, wenn ich den Sinn einsehen könnte ...«

Er schwieg plötzlich und hob den Kopf. »Hörst du das?« hauchte er. »Da ist etwas.«

Er lauschte mit offenem Mund in die beginnende Dunkelheit, dann zog er Lin hinter die Böschung.

»Ganz still!« flüsterte er. »Ich dachte es mir schon. Seit der Regen aufgehört hat, sind sie wieder unterwegs. Je näher wir der Grenze kommen, desto strenger überwachen sie das Land.«

»Meinst du, sie hätten die Hütte entdeckt?«

»Sie brauchen sie nicht zu entdecken. Sie kennen sie längst. Sie übernachten sogar darin. Das habe ich an den Aschenresten gemerkt.«

Zwei Minuten später sahen sie einen Soldaten im Tarnanzug, das Schnellfeuergewehr über der Schulter. Er führte eine Rei-

he von Zivilisten an. Niemand sprach. Dann sahen sie weitere Soldaten, die die Gefangenen begleiteten.
»Sie haben sie«, hauchte Lin.
Der Anführer schritt einige Meter voraus. Jetzt kamen auch die anderen heran. Es waren die Flüchtlinge aus der Hütte. Lin erkannte den alten Mann, er ging neben seiner Frau. Dann folgten die Kinder mit den übrigen Frauen.
Hatten sie auch Wan gefunden? Lin spürte plötzlich den Herzschlag bis in die Fingerspitzen. Wan war nicht dabei. Scheinbar gleichgültig gegen alles um sich her, trotteten sie den Damm entlang. Lin zählte acht Menschen. Sie sah auch die Frau, die den roten Betelsaft gekaut hatte. Ihr Kind saß auf der Hüfte, und ihre Kiefer bewegten sich noch immer. Hatten sie Wan nicht gefunden? Lebte er vielleicht nicht mehr? Oder hatten sie sich mit einem todkranken Kind nicht abplagen wollen?«
»War deine Schwester auch dabei?« fragte sie leise, als sie vorüber waren.
Kheng antwortete nicht und starrte mit ausdruckslosem Gesicht den Davontrottenden nach. Plötzlich sah sie das Blut, das über sein Kinn lief. Er hatte sich die Unterlippe blutig gebissen. Es war das lange Schweigen eines Menschen, der plötzlich erkannte, daß sein Leben fortan nie wieder so sein würde, wie es noch vor Minuten gewesen war.
Geduldig wartete Lin neben ihm.
»Sie haben sie also erwischt«, murmelte er plötzlich. »Jetzt haben sie auch meine Schwester und die beiden Kinder ... und ich liege hier und sehe zu.«
»Was hättest du tun können? Sie hätten dich zusammengeschossen, noch ehe du auch nur einen Schritt hättest machen können.«
»Trotzdem ...«, murmelte er.
»Den Frauen und Kindern tun sie nichts«, flüsterte Lin. »Auch dem alten Mann wahrscheinlich nicht. Aber dich hätten sie sofort erschossen. Das weißt du selbst. Du hättest

deiner Schwester nicht helfen können, auch den Kindern nicht.«
Er lag bewegungslos da, das Kinn auf die Faust gestützt und mit geschlossenen Augen, als ließe er alles noch einmal an sich vorüberziehen.
»Niemals dachte ich, daß ich mich so verhalten könnte.«
Das war es, was ihn zutiefst getroffen hatte, und was sich klarzumachen so entsetzlich schwer für ihn war.
»Ich erinnere mich noch genau, als die Khmer ihren Sieg über Radio Pnom Penh verkündeten«, murmelte er nach einer Weile. »Es war im April 75. Eigentlich hatte ich schon damals fliehen wollen. Aber dann zögerte ich den Termin von Woche zu Woche hinaus. Wenn ich floh, dachte ich, würde ich nie mehr zurückkommen können. Dann kamen die ersten Umsiedlungsaufrufe. Mich wollten sie nicht. Ich arbeitete in einer Edelsteinmine. Mich brauchten sie noch. Fast drei Jahre arbeitete ich weiter. Dann kam eines Abends der Befehl zur Umsiedlung. Ich sollte zunächst in ein Umerziehungslager ... Kannst du dir das vorstellen? Nach drei Jahren plötzlich in ein Umerziehungslager! Meine Frau hatten sie mit den Kindern nach Norden geschickt. Eine neue Gesellschaft sollte dort entstehen ... Wälder würden gerodet, neue Städte gegründet.«
Lin scharrte mit dem Fuß. »Vielleicht sollten wir jetzt aufbrechen. Ich mache mir Sorgen um Wan. Er ist allein, falls er überhaupt noch lebt.«
Er nickte, und sie kletterten auf den Damm zurück. Die Frösche an der Schnur über der Schulter, tappte er vor ihr her. Um sie herum brüllten die Kröten wieder, und im wirren Durcheinander zogen die Feuerfliegen ihre phosphoreszierenden Spiralen. Was war mit Wan? Lebte er noch? Immer wieder sah sie das kleine spitze Gesicht vor sich, und es tat ihr leid, daß sie ihn in den letzten Tagen nicht besser behandelt hatte. Sie hatte ihn oft hart angepackt, ja rücksichtslos, und hatte Einsichten von ihm verlangt, die ein Achtjähriger noch

gar nicht haben konnte. Nun war er vielleicht sogar tot. Die Reue traf sie tief. Sie spürte plötzlich, wie müde sie war, und fror in den nassen Kleidern, die ihr seit mehr als einer Stunde auf der Haut klebten.

Sie erreichten den grasigen Platz vor der Hütte, und Lin wartete hinter einem der Bäume, während Kheng vorausging. Nichts bewegte sich. Es war auch nichts zu hören, außer dem Flüstern und Rascheln der Blätter im Abendwind. Als die Zeit verging, ohne daß sich etwas rührte, trat er für fünf oder zehn Sekunden aus dem Schutz der Bäume, stand frei im Gras, kehrte zurück und wartete erneut. Dann erst ging er weiter.

Lin beobachtete jede Bewegung. Sie bewunderte die Geschicklichkeit des Mannes, seine Kaltblütigkeit. Niemals hätte sie soviel umsichtigen Mut aufgebracht. Als er ein Dickicht umging, sah sie, daß er ein Messer stoßbereit in der Hand hielt. Dennoch war sie überzeugt, daß er gegen einen plötzlich auftauchenden Feind keine echte Chance besaß.

Als der Pfad einen Bogen machte, hielt er jäh an. Da war ein Laut, ein nervöses, sofort unterdrücktes Räuspern, das nur von einem Menschen kommen konnte. Jetzte wußte sie auch, was sie die ganze Zeit über bedrückt hatte. Natürlich hatten sie einen Posten zurückgelassen! Das entsprach ihrer Art der Dschungelkriegführung. So fingen sie immer noch einige der Geflohenen und Versprengten wieder ein. Warum hatte sie nicht eher daran gedacht? Aber warum war der Posten die ganze Zeit über untätig beblieben? Warum hatte er nicht geschossen? Es gab nur eine Antwort: der Posten hatte sie nicht bemerkt, weil er schlief.

Was konnte sie tun? Wie konnte sie Kheng helfen oder zumindest warnen? Aber wahrscheinlich brauchte er ihre Unterstützung gar nicht. Die Sekunden gingen vorüber, als bestehe jede einzelne für sich, fast so als ticke eine Uhr. Bestimmt hatte er das Räuspern ebenfalls gehört.

Dann, in einer entsetzenerregenden, alptraumhaften Sekunde, die sie nie vergessen würde, sah sie Kheng, wie er sich mit

dem Messer auf den Posten warf, ihn unter sich begrub. Es gab einen kurzen Kampf, der in seiner völligen Lautlosigkeit nur um so grauenvoller wirkte. Sie schloß die Augen und bedeckte das Gesicht mit den Händen.
Eine halbe Minute später hörte sie die Stimme Khengs:
»Komm jetzt! Es ist vorbei. Keine Gefahr mehr.«
Mechanisch tappte sie vorwärts. Sie mied den Kampfplatz. Nach wenigen Schritten begann sie zu laufen. Sie mied die leere Hütte und rannte direkt auf den Schuppen zu, in dem sie Wan zurückgelassen hatte. Sie riß die Tür auf. Er war noch da, sah sie. Klein und stumm lag er in der niedrigen Hütte, bis zum Halse zugedeckt. Das Feuer war längst erloschen. Nur noch ein paar Aschenreste glühten.
Dann hörte sie seine Stimme: »Du, Lin . . .«
»Ja, was willst du denn?« fragte sie erleichtert.
»Wo warst du so lange?«
»Ich war am Wasser und habe Kröten gefangen. Wir müssen ja schließlich etwas essen. Geht es dir wieder besser?«
»Ich weiß nicht. Vielleicht.«
Sie kniete nieder, um das Feuer zu entfachen. Kheng kauerte draußen unter dem vorkragenden Grasdach, mit den Kröten beschäftigt, sah sie. Es blieb eine Weile still. Nur der abtropfende Regen war zu hören. Dann fing Wan wieder an:
»Lin . . .«
»Was denn?«
»Du darfst jetzt nicht mehr fortgehen«, flüsterte er.
»Klar«, sagte sie. »Wir werden jetzt eine Suppe kochen, dann wirst du bald wieder auf die Beine kommen.« Plötzlich hielt es sie nicht mehr. Sie lief zu ihm hin, kniete neben ihm nieder und legte den Kopf an seine Wange. Sie war noch immer heiß, aber das Fieber hatte nachgelassen.
»Es ist schon gut«, sagte sie hastig. »Du brauchst dir keine Sorgen zu machen. Ich bleibe jetzt bei dir. Ganz bestimmt.«
»Leben sie noch?«
»Wer?« fragte sie überrascht, das Gesicht an seiner Wange.

»Die Kröten.«
»Natürlich nicht. Wir wollen doch eine Suppe damit kochen.«
»Ich möchte eine Kröte – eine lebende.«
»Die häßlichen Tiere? Das geht nicht«, wehrte sie ab. »Außerdem sind sie schwer zu fangen. Aber dein Krokodil kann ich dir geben.« Sie sprang auf die Füße und wühlte in den abgestellten Sachen. Als sie das Spielzeug fand, steckte sie es ihm unter die Matte.
»So und jetzt wollen wir etwas für die Suppe tun.«
Sie brachte das Feuer zum Aufflammen, dann suchte sie den Topf.
»Lin . . .« – »Was ist?«
»Ich habe Durst«, bettelte Wan.
»Gut. Wir kochen Tee. Wasser ist zu gefährlich.«
Sie verließ die Hütte. Draußen kauerte Kheng und starrte ins Leere. Die Kröten lagen unberührt vor ihm.
»Es geht ihm schon sehr viel besser«, sagte sie. »Er will jetzt sogar trinken.«
»Du darfst ihm kein Wasser geben«, murmelte Kheng.
»Will ich auch gar nicht. Ich hole das Wasser nur, um Tee zu kochen und für die Suppe. Wir müßten auch Holz haben. Ich glaube, wir könnten alle einen heißen Schluck gebrauchen.«
»Laß mich mal. Ich erledige das.«
Kheng war offensichtlich froh, eine Aufgabe zu haben, die ihn ablenkte. Minuten später kehrte er mit dem Wasser zurück. Dann brachte er ein dickes Bündel Reisig, das er in der anderen Hütte geholt haben mußte. Wan war wieder eingeschlafen. Während sie den heißen Tee tranken, murmelte Kheng plötzlich:
»Ich wollte den Posten gar nicht töten. Aber ich sah ihn zu spät. Als ich ihn bemerkte, war ich nur noch drei Schritte von ihm entfernt. Er schlief nicht fest. Das geringste Geräusch hätte ihn aufgeweckt, und dann hätte er geschossen. Ich hatte einfach Angst.«

Lin nickte.
»Ich wollte ihn nicht umbringen«, sagte er leise. »Er ist der erste Mensch, den ich getötet habe. Es ist schrecklich . . . Ich kann gar nicht sagen, wie es in mir aussieht. Es ist ganz, ganz furchtbar. Jetzt denke ich, es wäre vielleicht besser gewesen, er hätte mich erschossen.«
»Aber das ist doch Unsinn.«
»Er war ein ganz junges Kerlchen, höchstens fünfzehn oder sechzehn. Er hatte gar keine Chance gegen mich . . . Ich war dreimal so stark wie er und sehr viel schneller. Niemals werde ich seine Augen vergessen. Er wollte mich wahrscheinlich ebenso wenig töten wie ich ihn.«
»Aber er hätte es getan«, sagte Lin eindringlich. »Er hätte es bestimmt getan. Er hätte einfach abgedrückt, ohne überhaupt nachzudenken. Es wäre ganz mechanisch geschehen.«
Kheng schwieg einige Zeit. Die ablaufenden Regentropfen klatschten durch die Stille. Dann murmelte er:
»Das Schlimme an einem Krieg liegt darin, daß er alle zu Handlungen treibt, die eigentlich keiner will.«
Auch später, während sie die Kröten ausnahmen und kochten, blieb sein Gesicht abwesend und verschlossen. Er arbeitete rasch, aber seine Gedanken waren weit weg. Lin hätte ihm gern geholfen, um über diese ersten Stunden hinwegzukommen; aber was konnte sie wirklich tun?
Während sie aßen, schreckte sie ein seltsamer Laut aus dem Hüttendach auf. Es war ein Gecko, der irgendwo zwischen dem Gras über ihnen hauste. Sechsmal tönte sein Gemecker durch die Dunkelheit. Instinktiv hatte sie mitgezählt. Das galt als günstiges Vorzeichen. Doch es erschien ihr wie Hohn.
»Ich habe in der Nähe ein Boot entdeckt«, sagte sie schließlich. »Hat es einen Sinn, daß wir es holen?«
Kheng nickte. »Ohne Boot hättest du mit dem Kind keine Chance«, murmelte er. »Wie weit ist es von hier entfernt?«
»Etwa eine Stunde von hier in einem Seitenarm. Ich habe es

abgedeckt. Aber es ist leicht zu finden, wenn man den Ort kennt.«

Er nickte. »Gut. Die Grenze ist nicht mehr weit. Wenn wir am späten Nachmittag aufbrechen, können wir noch während der Nacht Thailand erreichen.« Er erhob sich. Unter der Tür blickte er noch einmal zurück.

»Wenn das Kind satt ist, legst du dich auch hin. Ein paar Stunden Schlaf werden dir gut tun. Es wird eine anstrengende Nacht. Alles andere können wir später besprechen.«

»Und was wirst du tun?«

»Ich? Ich werde mich draußen hinsetzen und warten, falls sie eine Ablösung für den Posten schicken sollten. Aber ich glaube nicht daran.«

»Warum nicht?«

»Weil er bestimmt den Befehl hatte, nachzukommen«, sagte er. »Was soll eine Wache auf Dauer hier für einen Sinn haben?«

»Aber es könnte doch immerhin sein, daß sie trotzdem eine Ablösung schicken.«

»Dann macht es auch nichts«, sagte er ruhig. »Schließlich habe ich jetzt sein Schnellfeuergewehr.«

Sie nickte, nur halb beruhigt. Er drückte die Tür von außen zu. In der Dunkelheit zog sie erst ihre Bluse aus, dann die Hosen. Ihre Kleider sollten am niederbrennenden Feuer trocknen.

14.

Am späten Nachmittag machten sie sich auf den Weg. Wan tappte auf unsicheren Beinen hinter ihnen her, das Krokodil im Arm. Von dem toten Posten war nichts zu sehen. Sie fanden das Boot, das an der grasigen Böschung lag, wie Lin es versteckt hatte. Ein Schlangenstorch stand im Heck. Er war

offensichtlich gerade dabei, es als Unterlage für sein Nest zu nehmen. Empört flog er dicht vor Lin auf. Der schwarze Schwanz des Vogels streifte fast ihr Gesicht, als sie das Fahrzeug ins offene Wasser schoben.
Lin setzte sich zu Wan in das hintere Ende des Bootes. Kheng stand im Vorderteil und stieß das Fahrzeug mit einem dicken Bambusstock vom Ufer ab. Er lehnte sich mit dem ganzen Körpergewicht darauf, wich einem grasigen Inselchen aus, ging dann in die Kniebeuge und brachte es in die offene Fahrrinne.
Es sah alles sehr einfach aus. Doch das war es keineswegs. Der schmale Bug drängte sich durch das Geflecht der Wasserhyazinthen, die wie lange schwimmende Haarsträhnen ineinander verfilzt waren. So weit ihr Blick reichte, sah sie nichts als dunkle Wasserrinnen und breite Flächen fahlen Grases, unterbrochen von Mangos und Sumpfbäumen. Das waren die Felder, seit vielen Jahren nicht mehr bebaut, die allmählich wieder zum Dschungel wurden. Eine menschenleere, schwermütige Landschaft, nur von Wasservögeln und den jähen Stößen des Windes belebt.
Die Ruinen eines Dorfes tauchten auf. Sie sah keine Menschen. Früher hatten hier Bauern mit ihren Büffeln gepflügt, Getreide und Obst angebaut. Nichts war davon geblieben. Nur niedergebrochene, gestrüppüberwucherte Lehmmauern und brandgeschwärzte Flechtwerkwände ragten in den kahlen Himmel. Ein Bambuswald hatte sich bis an den Dorfrand vorgeschoben, belebt von Reihern und Schwärmen von Enten.
»Was meinst du, wie weit ist es noch bis zur Grenze?« fragte Lin.
Kheng zuckte die Schultern. »Schwer zu sagen. Aber wenn wir erst einmal den Fluß erreicht haben, sind es noch vier Stunden.«
»Wie steht es mit Patrouillen?«
»So gut wie keine. Ein Boot bekommt man nur selten, und die

wenigen Fußwege lassen sich leicht überwachen in dieser Sumpfgegend. Darum halten sich auch nur wenige Soldaten hier auf. Die meisten Einheiten liegen weiter südlich in den Dschungelgebieten.«
Er legte jetzt die Bambusstange neben sich und beugte sich über den Bootsrand. Die Sumpfpflanzen bildeten ein so dickes Polster über dem Wasser, daß es immer schwieriger wurde, die eigentliche Fahrrinne zu erkennen. Das erschwerte zwar ihr Vorwärtskommen, aber es bewies auch, daß hier seit langem kein Fahrzeug vorbeigekommen war.
Eine Stunde später ließ die Bewachsung wieder nach. Sie kamen rascher voran. Das Boot schnitt eine lange schwarze Furche durch den braunen Sumpf, die die Hyazinthen und blaßrosa Wasserlilien nur unvollkommen wieder füllten. Kheng nahm jetzt Kurs auf eine Insel, deren Ufer mit Kokospalmen und hohen Wurzelbäumen bewachsen waren. Die moosüberzogenen Stämme standen halb im Wasser.
Plötzlich sah Lin mehrere Gesichter, die aufmerksam zu ihnen herüber spähten.
»Weiter nach rechts! Weg von der Insel!« rief sie hastig.
»Was ist?«
»Die Insel ist nicht so leer, wie es den Anschein hat.«
»Soldaten?« fragte Kheng über die Schulter. »Sind sie bewaffnet?«
»Das ist nicht zu erkennen. Vielleicht sind es auch nur Fischer.«
»Wie viele sind es?«
»Vielleicht sechs oder acht«, sagte sie. »Jedenfalls ist es besser, wenn wir kein Risiko eingehen.«
Kheng nickte, und Lin merkte, wie ihr Boot rasch Abstand von der Insel gewann. Als sie zurückblickte, sah sie, wie die Menschen ihnen winkten. Vielleicht waren es auch nur Flüchtlinge wie sie, die auf eine Gelegenheit warteten, um über die Grenze zu kommen. Doch ohne Fahrzeug würde ihnen das kaum gelingen.

Nach einer halben Stunde war die Insel außer Sicht geraten, und sie erreichten eine weite Ebene, auf der nur seichtes Wasser lag. Ihr Boot berührte immer wieder Grund und wühlte dabei dicke Wolken eines braunen Schlamms auf.
»Ich werde dich jetzt für eine halbe Stunde ablösen.«
Kheng schüttelte den Kopf. Aber sie kletterte nach vorn und nahm ihm die Stange aus der Hand.
»Wir dürfen nicht von der Fahrrinne abkommen«, warnte er, »sonst sitzen wir bei Einbruch der Dunkelheit hoffnungslos fest.«
»Und woran erkennt man die Rinne?«
»Am sichersten an der Farbe des Wassers. Du mußt der helleren Färbung folgen. Wenn du nicht sicher bist, prüfst du die Wassertiefe mit der Bambusstange.«
Eine Stunde verging, dann tauchten zwei Inseln auf, und Lin zwang das Fahrzeug zwischen den baumbewachsenen Eilanden hindurch. Eine Schar Krähen, die auf den Feigenbäumen über ihnen lärmte, geriet beim Anblick des Bootes in helle Empörung. Einige flogen auf und kreisten schwerfällig über ihren Köpfen, als wollten sie jederzeit auf sie herabstoßen wie Raubvögel, bevor sie mit heiserem Krächzen auf die hohen Äste zurückkehrten.
Weiter und weiter schob sich das Boot. Ein wahres Geisterland, weder offenes Wasser noch feste Erde, wohin sie auch kamen, die Verkörperung von Bitternis und Einsamkeit, ein Schauspiel reiner Schwermut.
»Dort«, sagte Wan und unterbrach das Schweigen.
Die braune, haarige Masse trieb neben dem Fahrzeug. Sie sah wie ein Riesensack aus. Dann drehte sie sich langsam. Ein Kopf tauchte auf, und dann zwei schmale silberne Augen. Es war ein toter Büffel, der dort schwamm, bis zum Stadium des Platzens gedunsen. Der Geruch der Fäulnis kroch in das Boot.
Lin kniete neben dem Barkenrand und prüfte aufmerksam die Farbe des Wasser. Insekten glitten leicht über die Ober-

fläche hin, Schwärme von Wespen und Wasserkäfern. Libellen blieben ganz reglos, als sie vorbeikamen, stiegen und sanken mit dem trägen Wellengang. Weiße Reiher spazierten zwischen den Stauden einher und hielten nach Insekten Ausschau. Rotköpfige Kraniche stießen aus der Höhe auf das Wasser herab und kehrten mit einem zappelnden Fisch im langen Schnabel zurück.

Dann begann sich der Himmel zu röten. Der Sonnenuntergang mit seiner gewaltigen Strahlkraft über der leeren Ebene war herrlich. Der ganze Himmel bis auf einen schmalen Streifen im Osten leuchtete in karminroten, goldgelben und orangefarbenen Lichtern. Eine Kolonne kleiner Wolken, von der Sonne angestrahlt, zog darüber hin. Lin war es, als sähe sie eine Inselgruppe aus dem Märchenland. Vor ihr gab es einen Küstensaum, dessen Ufer glänzend golden leuchtete, und an dieser trügerischen Küste wuchsen Bäume, die im Zwielicht ein herrliches Lila angenommen hatten. Nichts in ihrer Erinnerung kam dieser Küste gleich.

Doch es war nicht von Dauer. Langsam, unabwendbar begann die Märchenküste in der sie umhüllenden Nacht zu versinken. Die goldene Küste verblaßte, wurde graugrün und dunkel. Die Wolken gingen in der Finsternis unter, und die Flut der Nacht spülte über alles hinweg. Nach wenigen Minuten waren nur noch das braunschwarze Wasser, der düsterte Himmel, schwer vom drohenden Regen, und das böse Grauweiß der Wellen geblieben. Die toten schwarzen Reisfelder waren wie ein Spiegelbild der Nacht, ein kaltes Bild, das Gefahr und Tod umschloß. Lin fühlte, wie es sie mit schweigendem Entsetzen erfüllte.

Mit dem Einbruch der Dunkelheit begann es zu regnen. Obwohl die heftigen Schauer das Wasser in flatternden Aufruhr versetzten und die Orientierung erschwerten, konnten sie sich jetzt sicherer fühlen. Keine Khmerpatrouille würde jetzt nach Flüchtlingen forschen. Als Kheng nach vorn kam, um sie abzulösen, fragte sie nach der Entfernung zur Grenze.

»Zwei Stunden«, erklärte er. »Siehst du, hier beginnt der Fluß oder zumindest das tiefere Wasser. Wir sind auf dem richtigen Weg.«
»Zwei Stunden nur?« sagte sie. »Sind wir da nicht zu früh?«
Er nickte. Seine Gedanken waren weit weg, sah sie. Etwas Erstarrtes ging von ihm aus, eine Leere lag in seinem Blick, die sie frösteln machte.
»Dann sollten wir vielleicht irgendwo ein paar Stunden warten«, schlug sie vor, da er schwieg. »Ich könnte mir denken, daß die Zeit nach Mitternacht für den Grenzübertritt am günstigsten ist.«
Er nickte wieder, und sie umfuhren einen niedrigen, aus dem Wasser ragenden Landstrich. Am Ende der Insel erschien ein Dorf. Sie sahen weder Rauch noch irgendwo ein Feuer. Offensichtlich waren die Hütten unbewohnt.
»Wie wäre es, wenn wir hier eine Rast einlegten?«
Kheng schreckte aus seinen Gedanken auf, zögerte, dann nickte er.
»Gut, wir können es immerhin versuchen. Eine Insel ist so gut wie die andere.«
Er machte einen Bogen und lenkte das Fahrzeug auf eine der dunklen Rohrhütten zu. Doch sie kamen nicht dicht genug an das Land heran. Ballen von faulenden Pflanzenbüscheln bildeten eine federnde Wand, die sie nicht zu durchbrechen vermochten. Sie lösten sich wieder aus der schwammigen Masse und versuchten weiter nördlich zu landen. Vergeblich. Auch hier war die Insel von einem breiten Wust schwimmender Pflanzen umgeben.
Lin war aufgestanden und suchte in der wachsenden Dunkelheit nach einem Zugang.
»Dort! Dort drüben ... Ich glaube, dort ist der Weg frei.«
Jetzt sah auch Kheng die enge Durchfahrt, deren Wasser zwischen den breitblättrigen Uferpflanzen in dem niederprasselnden Regen zu kochen schien. Als er einbiegen wollte, wurde das Boot überraschend von einem Wirbel erfaßt und

begann, sich im Kreise zu drehen. Lin sah bestürzt, wie Kheng den Bambusstock in den Morast stieß, aber keinen Grund fand. Als er endlich auf festen Boden traf, machte das Fahrzeug eine so heftige Schwenkung um die Stange, daß es ums Haar umkippte.

Eine halbe Minute später erreichten sie ruhiges Wasser. Sanft landeten sie an dem weichen Pflanzenpolster und sprangen auf die Insel, Kheng mit Wan auf dem Arm, der sich schläfrig an ihn klammerte, dann Lin.

Sie fanden eine Hütte, in der seit Monaten niemand gewohnt hatte, und die ihnen einen leidlichen Schutz vor dem schweren Regen bot.

Wan ließ sich sofort auf das Graspolster fallen, das die früheren Insassen zurückgelassen hatten.

»Möchtest du etwas essen?« fragte Lin.

Er schüttelte den Kopf.

»Hast du denn keinen Hunger? Vielleicht noch den Rest Suppe? Ich habe ihn mitgebracht.«

»Ich bin noch krank«, antwortete Wan.

»Was du nicht sagst! Das ist aber eine Neuigkeit. Krank bist du? Das hätte ich am wenigsten erwartet.«

»Ich bin noch sehr krank.«

»Das ist aber schlimm«, sagte sie lächelnd. »Was machen wir da nur?« Sie schien zu überlegen, während sie auf ihn hinabblickte.

»Ich weiß es auch nicht, Lin«, murmelte er schläfrig, aber keineswegs unzufrieden, wie sie sah.

»Vielleicht bist du auch nur müde, obwohl ich mir das eigentlich auch nicht erklären kann«, meinte sie in einem mütterlich freundlichen Ton, dessen leise Ironie ihm entging. »Du bist naß und frierst auch . . . Aber das ist alles nichts, was sich nicht mit ein paar Stunden Schlaf beheben läßt, meinst du nicht auch?«

»Ja, Lin . . .«, flüsterte er, die Augen schon geschlossen. »Aber krank bin ich auch.«

»Ein bißchen«, sagte sie. »Doch darüber reden wir später. Jetzt schläfst du erst einmal.« – »Ja, Lin.«
»Gut, dann machen wir es so.«
Sie ließ sich neben ihm nieder. Sie wußte, das war nur die halbe Wahrheit. Er war keineswegs gesund. Aber sie mußte ihn unter allen Umständen über die nächsten Stunden bringen. Sie fuhr ihm durch das Gesicht. Es war eher kalt. Fieber hatte er also nicht. Wahrscheinlich brauchte er nichts weiter als Ruhe, Schlaf und ein normal warmes Zimmer. Doch das alles konnte sie ihm jetzt nicht bieten. Sie fror selbst und spürte, wie sie allmählich den Mut zu verlieren begann.
»Was mache ich, wenn er wirklich wieder krank wird?« fragte sie nach einer Weile.
»Wer?«
»Na, Wan.«
»Keine Sorge, bis morgen früh hält er in jedem Fall durch«, sagte Kheng höflich, aber in einer Art, die zeigte, daß es sinnlos war, mit ihm zu sprechen. »Und was danach kommt, darüber würde ich mir jetzt nicht den Kopf zerbrechen.«
Zitternd hockte sie da, neben sich das schlafende Kind, und wurde sich plötzlich bewußt, wie müde sie war, wie erschöpft. Alles in ihr war erloschen. Wahrscheinlich war es sogar falsch gewesen, hierherzukommen. Nun, da die Anspannung nachgelassen hatte, war sie überzeugt, keine neuen Belastungen mehr ertragen zu können. Kheng kauerte neben dem Eingang und starrte stumm, mit leerem Gesicht in den Regen, der in grauen Schauern vorbeifegte.
Schließlich sank sie nach hinten um, verschränkte die Hände hinter dem Kopf und schloß die Augen. Ihre Gedanken verwirrten sich, und die Spannung begann sich zu lösen. Eine Viertelstunde später schlief sie ein.
Wie lange sie geschlafen hatte, wußte sie nicht. Was sie weckte, war Khengs Stimme oder doch eine Stimme, die der seinen sehr ähnlich war. Ruhig, monoton, mit einer heiseren Inständigkeit rief die Stimme sie beim Namen.

»Lin – Lin – Lin«, wieder und wieder nannte die Stimme ihren Namen, bis sie schließlich bestimmt wußte, daß sie nicht mehr schlief.
Etwas Fremdes, Taubes hämmerte hinter ihrer Stirn wie ein mächtiger Pulsschlag. Sie öffnete die Augen und blickte direkt in sein Gesicht. Er kniete neben ihr, etwas nach vorn gebeugt und sah mit einem schweren, heftig brütenden Blick auf sie hinunter. Als sie ihn ansah, begegnete sie seinem reglosen Starren.
Sie vermochte sich nicht aus diesem Blick zu befreien und fühlte eine seltsame Mischung aus Befriedigung und Furcht. Plötzlich fuhr er auf und schloß sie in seine Arme. Er kniete neben ihr und drückte und preßte sie an sich mit einem wortlosen, unmöglichen Verlangen.
Er küßte sie, küßte sie wieder und wieder auf den Mund, ins Gesicht, auf den Hals. Plötzlich hielt er inne. Dann wollte er sie wieder auf den Mund küssen, wagte es aber nicht. Doch dann riß er sie wieder an sich, und während er sie küßte und in einer plumpen, erdrückenden Umarmung an sich preßte, spürte Lin, daß dieser wilde Ausbruch gar nicht ihr galt, daß er nur Ausdruck seiner hoffnungslosen Einsamkeit und des Gefühls von Schuld, Scham und tiefster bodenloser Verzweiflung war.
Kheng versuchte die Hand auf ihre Brust zu legen, nahm sie aber sofort wieder weg. Er griff nach ihren Knien, schob die Hand höher und riß sie weg, als habe er einen elektrischen Schlag erhalten. Und während der ganzen Zeit tat Lin überhaupt nichts. Sie lag einfach mit einer kraftlosen, stumpfen Hilflosigkeit in seinen Armen. Sie war sich nicht sicher, warum er sie aus dem Schlaf geweckt hatte; sie wußte im Augenblick auch nicht, wie sie sich weiter verhalten würde.
»So hör doch!« keuchte er. »So schau mich doch an! Sag doch etwas! Ich wollte ihn nicht töten! . . . Lin! Lin! . . . So sag doch etwas! Was ist denn? . . . Ich schwöre dir, ich wollte es nicht. So glaub mir doch!« bettelte er verzweifelt.

Lin atmete verwirrt, unbeholfen, in kurzen, schnellen Stößen, ganz wie ein Kind, dem die Angst den Atem verschlägt.
»Es ist ja schon gut«, flüsterte sie. »Ich glaube dir ... Oh, dieser Krieg ist ein entsetzliches Unglück«, stieß sie hervor. »Wir alle tun Dinge, die wir für unmöglich gehalten hätten, die wir gar nicht wollten.«
»Laß uns weggehen, wenn wir erst über die Grenze sind ... irgendwohin«, schnaufte er mühsam. »Ganz gleich wohin ... Ich muß mit dir sprechen. Ich hab' dir etwas zu sagen ... Wir bleiben zusammen – du mit dem Kind und ich.«
»Du mußt das jetzt vergessen, was war«, sagte sie. »Wir alle müssen vergessen, wenn wir weiterleben wollen. Es war nicht deine Schuld, ich weiß es. Nimm es dir doch nicht so furchtbar zu Herzen! ... Du hast es doch nicht gewollt.«
»Oh-h«, murmelte er verzweifelt. »Es war gräßlich – gräßlich, so etwas tun zu müssen ... Ich komme nicht davon los. Einfach entsetzlich so etwas«, stammelte er.
»Du hast es doch nur getan, weil du nicht anders konntest«, begehrte sie gegen seine Verzweiflung auf. »Wenn du's nicht getan hättest, hätte er dich erschossen.«
Er starrte an ihr vorbei in den Regen. In den letzten Stunden schien sein mageres Gesicht noch schmaler geworden zu sein, die Linien um seinen Mund wirkten noch ausgeprägter.
»Ich hätte es verhindern können«, murmelte er. »Wenn ich besser aufgepaßt hätte ... Wenn ich ihn früher bemerkt hätte, wäre es vielleicht zu verhindern gewesen.«
»Aber das ist doch Unsinn! Dann hätten wir Wan zurücklassen müssen. Dann wäre das Kind gestorben, und die Selbstvorwürfe wären die gleichen gewesen. Hörst du«, sagte sie streng. »Du mußt unbedingt vergessen, was in dieser Nacht geschehen ist.«
Kheng nickte. »Vielleicht kann ich es, wenn du mir hilfst«, flüsterte er. »Wenn du bei mir bleibst. Wenn du mich liebst, kann ich es wahrscheinlich. Ich brauche deine Liebe, hörst du? ... Du mußt mich lieben! Lieben, wie noch nie eine Frau

einen Mann geliebt hat! Dann werde ich vergessen können!«
»O Buddha! . . .«
Lin schüttelte jammervoll den Kopf und wollte sich abwenden. Er aber packte sie, riß sie herum.
»Du willst nicht. Warum?« fragte er.
»Weil es so nicht geht«, murmelte sie. »Es geht nicht . . .«
»Warum geht es nicht?«
Sie schwieg. Dann sah sie ihm fest in die Augen und sagte ruhig und barsch:
»Weil es so nicht zu machen ist.«
»Hör mich an, Lin!« Er schwieg, zögerte. »Du mußt mir sagen, warum. Ist es – weil ich ihn umgebracht habe? . . . Weil ich ein Mörder bin? . . . Ich muß es wissen.«
Sie schüttelte wieder den Kopf.
»Nein«, sagte sie. »Das ist es nicht.«
»Nun – dann also – was ist es?« fragte er. Er starrte sie an. »Ist es ein anderer Mann? . . . Liebst du einen anderen?«
»Nein, es ist kein anderer Mann«, murmelte sie so leise, daß er sie kaum verstehen konnte. »Es ist – weil es keine Basis für ein gemeinsames Leben ist«, sagte sie, ». . . weil es einfach zu wenig ist . . .«
»Schau mich an, Lin!« Er nahm ihr Gesicht in beide Hände, zwang sie, ihn anzuschauen: »Das verstehe ich nicht. Ich versteh's einfach nicht.«
Sie stieß einen unterdrückten Klagelaut aus, einen Laut des Schmerzes und der Verzweiflung. Sie versuchte sich von ihm loszumachen und rief mit einer erschrockenen, mitleiderregenden Stimme:
»Ach, laß mich! Laß mich doch in Ruhe! Es ist alles auch so schon schrecklich genug . . .«
»Antworte mir!« fauchte er. »Warum geht es nicht?«
»Du bist verheiratet, hast Frau und Kinder. Auch wenn sie die Frau zur Scheidung gezwungen haben, fühlst du dich ihr noch immer verbunden. Das ist nur selbstverständlich . . . Deine Schwester wurde gestern verschleppt. Dann ist die

Sache mit dem Soldaten ... Das war alles zuviel für dich. Einfach zuviel! ... Nun willst du vergessen«, flüsterte sie. »Aber das Vergessen ist zuwenig für ein gemeinsames Leben ... Das reicht nicht.«
Sie riß sich mit einer letzten, wahnsinnigen Anstrengung los und keuchte: »Weißt du es jetzt? Bist zu nun zufrieden? ... Es würde für uns beide ein neues Unglück bringen ... Daraus könnte nie etwas Gutes werden. Die Schatten der Vergangenheit wären ständig um uns ... So nun weißt du's.«
Kheng starrte sie an.
»Oh, es ist ja schon recht, Lin«, murmelte er, während er sie gleichzeitig von neuem umschlang. Er tätschelte sie auf die Schulter und redete in einem fort, ohne recht zu wissen, was er sagte: »Es ist ja schon recht! So habe ich's nicht gesehen, Lin ... Du mußt dich nicht so aufregen! Es ist ja schon recht ... Ja, ja ... es ist schon recht.«
Lin starrte ihn mit weitgeöffneten Augen an.
»Ich habe den Jungen zu mir genommen, weil er allein war, weil er Hilfe brauchte. Ich kann nicht auch noch einen Mann gebrauchen, der Hilfe sucht«, flüsterte sie. »Ich weiß, es klingt grausam und herzlos und unmenschlich. Aber ich kann es nicht. So stark bin ich nicht.«
»Ja, das verstehe ich«, murmelte er. »Du mußt verzeihen, aber so habe ich es nicht gesehen ... Ich werde schon darüber hinwegkommen«, versprach er. »Es wird schon wieder recht werden. Ganz bestimmt, Lin.«
Und zu ihrem Entsetzen wußte sie plötzlich, daß es nicht ›schon recht werden‹ und daß er nicht ›darüber hinwegkommen‹ würde, daß es vielmehr grausam und hoffnungslos war, daß es sich da um Wunden handelte, die zu tief waren, um je zu heilen, um eine Kette von Unglück und Unrecht, die zu lang und schwer war, als daß er sich je wieder davon befreien könnte.
Lin blieb in seiner Umarmung. Sie barg ihr Gesicht an seiner Schulter, und er klammerte sich verzweifelt an sie, und dann,

in der regnerischen Dunkelheit der verlassenen Hütte, weinte er heiser und bitter und furchtbar, wie nur ein Mensch um sein verpfuschtes und betrogenes Leben weinen kann.
Als er ruhiger geworden war, wischte er sich die Augen, sah sie an und murmelte:
»Du wirst nicht darüber sprechen? Du wirst zu keinem etwas sagen – zu keinem, ganz gleich, was auch geschieht?«
Und Lin, krank vor Mitleid, einsam und nicht weniger erschüttert, versprach es ihm.

15.

Eine halbe Stunde später nahm sie Wan, der kurz aus dem Schlaf schreckte, auf, und Kheng trug ihn ins Boot, wo Wan sofort weiterschlief. Es regnete noch immer, als sie die Insel verließen. Das kleine Fahrzeug wurde einige Male von der Strömung hin und her gerissen. Lin kauerte neben dem Jungen und spähte in die Finsternis, während das Boot schnurgerade durch die Nacht strich.
Doch es gab nichts zu sehen. Die Sicht betrug nur wenige Meter. Manchmal kamen sie an Baumgruppen, Landzungen und Dickichten vorüber, und sie erhaschte einen Blick auf riesige Schlingpflanzen, zitternde Blattgeflechte und schwarze Baumkronen. Dann wieder verschmolz alles zu einer toten, schwarzgrauen Wand. Eine erschreckende Stille hüllte sie ein, eine lebendige, lauernde Stille. Das Wasser um sie her sah feindselig und furchtbar tief aus. Es schien in den schrägen Schauern vor Energie zu kochen. Lin klammerte sich an der Bordwand fest; sie spürte den Regen im Gesicht und sog den satten Pflanzengeruch ein, den der Wind von den Ufern herantrieb.
Nach einer Stunde hatte sie den Eindruck, als wären sie Hunderte von Kilometern gefahren, als hätten sie in der

Finsternis längst die Grenze passiert und müßten bald in den Lagern von Khao I-Dang oder Nong Samt auftauchen oder aber die Randsiedlungen von Arania Prathet erreichen, ja vielleicht schon die tröstlichen Lichter von Bangkok sehen.
Von Zeit zu Zeit fuhren sie an einem gespenstischen Dorf vorbei. Hart am Ufer, von grauem Dunst umhangen, standen mit dunklen Mauern die leeren Hütten, aus denen kein Laut kam. Und dann, nach einer weiteren Stunde, sahen sie zur Linken einen schwachen Lichtschein, der rascher stärker wurde und von mehreren Feuern stammen mußte. Die Lichtquellen waren zu groß und lagen zu weit auseinander, um zu einer Siedlung zu gehören. Das konnten nur die Feuer der Grenzwachen sein, sie hatten also die Gefahrenzone erreicht.
Eine Viertelstunde wurde zur Ewigkeit. Die Regenschauer verloren an Kraft, wurden seltener. Sie kamen an Bäumen und Baumgruppen vorüber, die plötzlich und schroff wie im Traum, fremd, stumm und vom rötlichen Feuerschein überhaucht, auftauchten. Dann warf sie ein heftiger Stoß gegen die Bordwand. Sie schreckte auf, klammerte sich fest und wurde erneut gegen die Bootswand gestoßen. Neben ihr wimmerte Wan, jäh aus dem Schlaf gerissen, und suchte ihre Nähe.
»Was ist los?« fragte sie bestürzt, als das Fahrzeug die Richtung wechselte und nach der Seite abtrieb.
»Keine Angst! Wir sind nur gegen einen treibenden Baumstamm gestoßen«, rief Kheng. »Nicht weiter schlimm.«
Doch sie waren noch nicht außer Gefahr. Das Boot hatte sich von dem Hindernis gelöst. Es schwankte auf und ab, und ein Wasserstrahl ergoß sich in das Innere. Endlich konnten sie die Fahrt in der alten Richtung fortsetzen. Lautlos glitten sie dahin. Lin spürte die Bewegung des Bootes nur am Luftzug. Der Regen hörte auf. Wieder vergingen endlose Minuten. Lin hatte plötzlich den Eindruck, auf einem riesigen Strom dahinzufahren.
Wie spät mochte es sein? Vielleicht vier Uhr morgens? Eine

günstige Zeit. Die Wolken mußten sich mit dem Regen zerteilt haben. Vor sich, in Richtung der Grenze, sah sie einige Sterne und plötzlich auch, für wenige Minuten, den Mond. Über dem Kamm eines niedrigen Höhenzuges, ganz tief, vollkommen auf gleicher Höhe mit dem Boot, und so gespenstisch nah, daß sie ihn beinahe greifen konnte, tauchte er auf, ein ruinierter Krater, dicht vor dem endgültigen Verlöschen.

Kheng blickte zurück. »Wir sind jetzt vor der Grenze. Am besten, ihr legt euch flach auf den Boden«, flüsterte er. »Wenn sie das Boot entdecken, werden sie nur mich sehen und denken, ich sei allein.«

»Und du?« fragte Lin. »Was ist mit dir?«

»Um mich brauchst du dir keine Sorgen zu machen. Ich komme schon zurecht. Erst wenn wir die Baumsperre hinter uns haben, sind wir außer Gefahr. Denke daran – hinter der Sperre! Nicht eher!«

Zunächst war es nur wieder der unbestimmte rosige Schimmer, der sich im Wasser spiegelte. Zwei Minuten später sah sie dann die beiden Feuer und mehrere schattenhafte Gestalten. Diesmal würde es ernst werden.

»Kopf runter!« zischte Kheng. »Ganz runter, hinlegen und festhalten.«

Sie duckte sich, hob jedoch sofort wieder den Kopf und spähte über den Bootsrand. Aber dann wurde sie doch überrascht. Als sie die beiden ersten Baumstämme aus der Finsternis ragen sah, war es zu spät. Das Boot trieb auf die linke Sperre zu. Der Stamm, dem man die belaubten Äste belassen hatte, schien ihnen plötzlich mit rasender Geschwindigkeit entgegenzukommen.

Kheng verlagerte das Körpergewicht auf die rechte Seite, rammte den Bambusstab in den Boden, aber er konnte den heftigen Anprall nur mindern, nicht vermeiden. Das Fahrzeug schlug mit dem Heck gegen den Stamm. Der ganze Bootsrumpf krachte, Holz splitterte. Der Bug bäumte sich in

den schäumenden Wellen auf, und ein Schwall silbrigen Wassers stürzte ins Innere.
Noch waren sie in Bewegung. Das Boot schlingerte schwer, die Bordkante kam dem Wasser gefährlich nahe, während sie im schrägen Winkel weitertrieben, den Bug gegen den zweiten Baumstamm gerichtet. Bis zu den Schultern im aufgischtenden Wasser, suchte Kheng den Schwung zu verringern und es wieder in die alte Richtung zu bringen. Meter um Meter hangelte er es vorwärts.
Es gelang. Sie konnten dem Stamm ausweichen und fuhren vorbei. Noch einmal gab es einen heftigen Aufprall, als Lin schon alle Gefahr überstanden glaubte; doch es war nur ein halb aus dem Wasser ragender Ast, und sie fuhren weiter.
BIIAUUUUU ... BIII – AUUU ...
Holz und Wasser spritzten Lin ins Gesicht. Es schmerzte schrecklich, und zu jeder anderen Zeit hätte sie vor Schmerz und Entsetzen aufgeschrien. Doch jetzt besaß sie die äußere Unempfindlichkeit eines Menschen, der sich in Lebensgefahr befindet. Sie zuckte zwar zusammen, ihr Mund verengte und lockerte sich wieder, aber ihr Schmerzempfinden war abgeschaltet.
»Was fällt dir ein! Runter mit dir! Los runter auf den Boden! Willst du eine Kugel ins Gesicht! ...« Er fiel neben ihr nieder.
»Die Schweine, die elenden Schweine«, murmelte er.
Lin spürte, wie er zitterte.
Ein Schnellfeuergewehr peitschte über das Wasser. Die Leuchtspurgeschosse zuckten wie elektrische Blitze durch die Dunkelheit und drangen heulend hinter ihnen in den Dschungel, zerschlitzten die Blätter und klatschten gegen die Bäume. Ein Querschläger warf eine Wasserfontäne über sie. Lin spürte das Wasser auf dem Rücken und suchte den Augenblick zu erfühlen, in dem sie den Kopf wieder heben konnte. Jetzt ließ das Feuer nach. Sie spähte über den Bootsrand.
BIIAUUUU ... BIIAUUUU ...

Sie ließ sich zurückfallen. Ein Maschinengewehr bestrich den gegenüberliegenden Dschungel. Dann hörte sie Stimmen, die ihren Körper mit einer Gänsehaut überzogen. Einer der Posten rief über das Wasser.
»Kommt mit dem Boot ans Ufer und ergebt euch!«
Kheng richtete sich auf. Er war an der linken Hand verletzt. Ein Streifschuß oder Querschläger mußte ihn getroffen haben. Er hob den Kopf und spähte in die Dunkelheit.
»Letzte Warnung! Los, kommt ans Ufer!« rief die Stimme wieder.
»Ich komme«, antwortete Kheng. »Nicht schießen! Ich komme.«
Als Lin sich gleichfalls aufrichten wollte, drückte er sie mit der gesunden Hand zurück.
»Du bleibst mit dem Jungen liegen! Von euch wissen sie nichts.«
Er kniete jetzt in dem Fahrzeug und blickte in die Richtung, aus der die Schüsse gefallen waren. Die Feuerstöße waren verstummt, ausgelöscht wie Sternschnuppen am Nachthimmel, als hätte es sie nie gegeben.
»Was hast du vor?« flüsterte sie. »Willst du wirklich aufgeben?«
»Still!«
Er umklammerte ihren Arm und drückte sie nieder.
»Ihr bleibt am Boden liegen, was auch geschieht«, keuchte er. »Von euch wissen sie nichts. Sorge dafür, daß Wan den Mund hält! Ich will versuchen, das Boot wieder freizubekommen . . .«
»Und du?«
»Ich komme nach, keine Sorge.«
Er sprang in das Wasser. Es reichte ihm bis zu den Hüften. Sie begriff, daß er das Fahrzeug von dem Baumstamm, gegen den es geprallt war, freidrücken wollte. Doch es war schwieriger, als er angenommen hatte, da er die eine Hand nicht gebrauchen konnte.
Zentimeter um Zentimeter verschob er den Bug. Zweimal

stürzte er auf ein Knie dabei. Einmal tauchte er völlig unter und prallte mit der Schulter gegen die Bordwand. Doch es gelang. Plötzlich half die Strömung. Das Boot knirschte mit der Breitseite an dem Baumstamm entlang, löste dann und gewann mit der nächsten Sekunde freie Fahrt.

Lin sah Khengs gesunde Hand an der Bordwand. Sie rutschte heran, um zuzugreifen. Dabei war sie vom Ufer aus zu sehen. Die Posten begriffen, was geschehen sollte, und schossen sofort.

Die Kugeln peitschten über sie hin. Wasser spritzte, mehrere Geschosse trafen die Bordwand und überschütteten sie mit Holzsplittern. Sie vermochte nichts mehr zu sehen. Wan schrie und klammerte sich an sie.

Die Hand neben ihr öffnete sich, die Finger spreizten sich hilflos ins Leere und verschwanden.

Irgendwo wurde eine Leuchtkugel abgeschossen, wahrscheinlich jenseits der Grenze. In dem magnesiumweißen Licht sah der Dschungel zu beiden Seiten wie versteinert aus. Mehrere Khmer mit Handfeuerwaffen standen und knieten davor, wie vom Schein eines Blitzes erhellt.

Zehn Meter ab trieb ein Körper im Wasser, das Gesicht nach unten. Die Soldaten schossen wieder. Sie hörte die Jubelrufe der Soldaten, als der hilflos treibende Körper unter den Einschlägen aufzuckte, als gewänne er ein zweites Leben.

Dann trieb das Boot in die Finsternis hinein.

16.

Minuten später tauchten die Lichter von Hütten und Baracken auf. Das Boot schwamm jetzt zwischen zwei Böschungen aus aufgeworfener Erde. Die nächste Biegung enthüllte eine Traube schimmernder Lampen, und dahinter den massigen Schatten eines langgestreckten Gebäudes.

»Das Grenzlager«, hörte sie sich sagen. »Hier müssen wir landen.«
Sie machten nur noch wenig Fahrt. Lin griff nach einem Ufergestrüpp, und der Bug stieß gegen eine Unterwasserwurzel. Sie kletterten mit zitternden Beinen die Böschung empor, ihre wenigen Habseligkeiten über der Schulter.
»Das Boot?« fragte Wan. »Lassen wir das Boot hier?«
»Ja«, sagte sie. »Wir brauchen es nicht mehr. Nie mehr.«
Sie standen plötzlich vor zwei Soldaten in fremdartigen Uniformen.
»Bitte, nicht schießen!« rief sie. »Wir sind Flüchtlinge.«
Es blieb eine halbe Minute still. Offensichtlich mußten sich die Soldaten erst von ihrer Verblüffung erholen. Dann rief eine Stimme in gebrochenem kambodschanisch:
»Hände übern Kopf und bewegt eure Ärsche ein bißchen rascher! Los, los, wenn's recht ist.«
»Schon wieder zwei«, sagte der andere. »Hört denn das niemals auf!«
Lin stieß Wan an, und sie hoben die Arme mit ihren Sachen über den Kopf.
Dann gingen sie auf die beiden Soldaten zu.
»O Erleuchteter!« sagte die erste Stimme. »Da ist ja auch ein Zwerg dabei. Ein wandelnder Pilz! Der Hut ist größer als der ganze Kerl.«
»Jetzt schicken sie uns auch schon alles«, murmelte der zweite.
Ein Offizier mit einer Schirmmütze erschien. »Hierher!« sagte er mißtrauisch. »Die sind ja naß wie schwimmende Ratten. Was zum Teufel ist los mit euch?«
»Wir sind geflohen«, sagte Lin.
»Ist das Ihr Kind?« fragte der Offizier.
»Nein«, sagte Lin. »Seine Mutter wurde verschleppt. Der Vater ist vermißt.«
»Ich hätte jede Wette gemacht, daß die Grenze jetzt dicht ist«, sagte einer der Soldaten im Hintergrund. »Aber die sind

wie Ungeziefer. Drücken sich durch jede verdammte kleinste Ritze.«

»Sie bitten also um politisches Asyl?« fragte der Offizier.

Lin wußte nicht genau, was damit gemeint war, aber sie nickte.

»Seid ihr die einzigen?«

»Ein Mann war noch dabei. Er wurde getötet, als er unser Boot wieder in die Fahrrinne brachte.«

Der Offizier nickte. Er roch nach guter Seife und amerikanischen Zigaretten.

»Das kann stimmen. Wir hörten Schüsse. Na, das ist ja dann jetzt vorbei, nehme ich an.« Er winkte einem der Soldaten. »Bring sie in die zweite Baracke. Dort können sie erst einmal schlafen. Morgen sehen wir weiter. Das mit den Personalien machen wir morgen früh – heute früh«, verbesserte er sich dann, als er den fahlen Streifen im Osten sah.

»Die Frau könnte auch bei mir schlafen«, sagte der Soldat und grinste. Für sie hätte ich noch Platz.«

»Moment!« rief in diesem Augenblick eine Gestalt, die mit einem Fotoapparat heranstürmte. Der Mann trug nur einen gestreiften Pyjama, hatte aber dafür einen Hut auf dem Kopf. Seine nackten Füße steckten in Lederpantoffeln.

»Die zwei brauche ich! Die sind Gold wert . . .«

Das Blitzlicht zuckte.

»Daß sie sich immer solche Zeiten aussuchen müssen«, sagte er mürrisch. »Tagsüber ist nie was los.«